Comment gagner de l'argent grâce à mon Mari ?

Introduction : Mon Mari, Ma Poule aux Œufs d'Or !

Chères lectrices, il est grand temps de voir votre mari sous un nouveau jour. Vous l'aimez, bien sûr. Il est gentil, attentionné, parfois un peu maladroit, et souvent beaucoup plus détendu que vous ne l'êtes. Mais avez-vous déjà pris un moment pour réfléchir à ce qu'il peut vraiment vous apporter... à part les petites attentions et les câlins réconfortants ? Oui, je parle bien de ce qu'il peut offrir, en termes très concrets... financiers, même. Imaginez une seconde : et si derrière ses petites manies et ses passions, se cachait une mine d'opportunités ?
Et si, avec un peu de créativité et beaucoup de ruse (on sait que vous êtes douée pour ça), vous pouviez transformer tout ce qui fait de lui votre mari en un potentiel revenu ? Intrigant, non ?
Voyons ça de plus près. Les compétences. Ne minimisons pas les talents de Monsieur. Il sait sans doute bricoler, résoudre des problèmes techniques ou même jardiner. Peut-être est-il doué avec les chiffres ou peut-être a-t-il cette capacité fascinante à monter des meubles IKEA en un temps record, sans même regarder les instructions (que vous auriez évidemment lues). Et là, mesdames, vous avez votre première pépite : ses compétences, qu'elles soient

techniques, pratiques ou intellectuelles, peuvent être mises à profit… pour vous. Qui aurait cru que ses bricolages du week-end pouvaient devenir un service à facturer à vos voisins ou vos amis ? Après tout, s'il est doué pour quelque chose, pourquoi ne pas le partager avec le monde (contre rémunération, bien sûr) ?

Ensuite, parlons du réseau. Ah, le fameux réseau ! Vous pensez peut-être que son cercle d'amis ne sert qu'à organiser des soirées foot ou à parler de la dernière série Netflix. Faux ! Ce réseau est une opportunité en or. Vous seriez surprise de voir combien de personnes dans son entourage ont besoin de services ou de compétences qu'il pourrait offrir. En mettant à profit ses contacts professionnels ou personnels, vous pouvez dénicher des occasions lucratives.

Et puis, soyons honnêtes, entre une discussion anodine lors d'un barbecue et une opportunité d'affaires, il n'y a souvent qu'un pas… ou un petit coup de pouce de votre part.

Et enfin, il y a les loisirs. Oui, vous savez, ces activités qui le passionnent et dont vous ne comprenez pas toujours l'intérêt (les soirées à jouer aux jeux vidéo, à bricoler dans le garage ou à s'occuper du jardin). Ce sont pourtant ces loisirs-là qui pourraient bien devenir votre jackpot. Imaginez : transformer ses heures passées à jouer en ligne en revenus grâce à des plateformes de streaming, ou proposer ses services de jardinage à des voisins qui peinent à tailler leurs haies.

Et pourquoi ne pas capitaliser sur son amour pour la cuisine ou la photographie pour offrir des ateliers ou vendre ses créations ? Les possibilités sont infinies quand on regarde les choses sous le bon angle !

Bref, chaque aspect de la vie de couple peut devenir une opportunité. Il suffit de voir l'homme qui partage votre vie non seulement comme votre partenaire, mais aussi comme une véritable ressource (oui, je sais, ça sonne pragmatique, mais vous verrez que c'est plutôt amusant).

Avec un peu d'humour, de complicité et, surtout, beaucoup d'idées, vous allez découvrir tout ce que vous pouvez faire grâce à lui – tout en renforçant votre couple, bien sûr ! Car après tout, gagner de l'argent ensemble, c'est aussi un excellent moyen de partager de bons moments et de créer une nouvelle dynamique dans votre relation.

Et n'ayez crainte, il ne saura même pas qu'il est devenu votre nouvelle « poule aux œufs d'or ». C'est ça, le talent.

Alors, prête à découvrir tout ce que votre mari peut vraiment vous offrir ? Suivez-moi, et ensemble, nous allons débusquer toutes les petites pépites cachées dans son quotidien !

Chapitre 1 : Gagner de l'argent avec les compétences de mon mari

Ah, les compétences de votre cher mari ! Vous le voyez, là, concentré sur son bricolage ou affairé à réparer un meuble. Il ne se doute probablement pas que ces talents, que vous avez peut-être pris l'habitude de considérer comme allant de soi, valent littéralement de l'or. Bien plus qu'une simple capacité à éviter une visite coûteuse chez le réparateur, son savoir-faire peut être monétisé, et pas qu'un peu. Et si vous transformiez ces petites prouesses quotidiennes en véritable business ? Croyez-moi, les bricoleurs sont en or massif !

1.1 : Le bricoleur professionnel

Nous y voilà : votre mari, cet homme qui semble pouvoir tout réparer à la maison. Qu'il s'agisse d'une prise électrique défectueuse, d'un robinet qui fuit ou de ce meuble que vous avez commandé et qui arrive en 1000 pièces, il est toujours là, prêt à intervenir. Vous pensez que c'était simplement son rôle naturel de bricoleur en chef, n'est-ce pas ? Eh bien, détrompez-vous. Ces petites interventions valent bien plus qu'une simple tape dans le dos.
Si votre mari est le genre à savoir tout faire avec ses mains, vous avez là un trésor caché. Les compétences en bricolage sont extrêmement recherchées ! Et il y a tellement de gens qui ne savent

même pas par quel bout commencer avec un tournevis ou une perceuse. Vous, vous avez un atout inestimable sous la main, et c'est là que vous pouvez faire toute la différence. Pourquoi ne pas utiliser ses compétences pour arrondir vos fins de mois, tout en l'occupant utilement ? Après tout, s'il adore ça, autant le faire profiter à d'autres (et en tirer profit, bien sûr).

Il ne s'agit pas juste de bricoler, mais de professionnaliser cette compétence naturelle. Vous pouvez envisager de facturer ses services pour des petites réparations à domicile, des travaux de peinture, du jardinage ou du montage de meubles. Même les plus petits travaux ont de la valeur, et avec un peu de bouche-à-oreille, sa réputation de bricoleur hors pair pourrait rapidement se répandre.

Et n'oublions pas, chères lectrices, la satisfaction personnelle que vous aurez en voyant votre mari reconnu pour ses talents et, en prime, rapporter de l'argent à la maison. Vous ne le verrez plus jamais monter une étagère sans un petit sourire en coin, en sachant que derrière chaque coup de marteau se cache une opportunité de revenu.

Voici quelques idées concrètes pour que ses compétences deviennent lucratives :

1. **S'inscrire sur des plateformes spécialisées pour les bricoleurs**

Des sites et applications aux États-Unis permettent à des bricoleurs amateurs ou professionnels de proposer leurs services à des particuliers ou entreprises. Votre mari pourrait très bien y trouver des missions régulières. Voici quelques exemples :

- **TaskRabbit** : Cette plateforme est l'une des plus populaires pour les services de bricolage. Des particuliers cherchent des personnes pour les aider à monter des meubles, installer des étagères, réparer des petites choses à la maison ou encore faire du jardinage. Votre mari pourrait y créer un profil, définir ses tarifs, et trouver des clients localement.

- **Thumbtack** : C'est une autre excellente plateforme où les bricoleurs peuvent proposer leurs services. Après avoir créé un profil, votre mari pourra y lister ses compétences (réparations, montage de meubles, électricité de base, etc.), et recevoir des demandes de clients potentiels. Ce site met aussi en relation des professionnels avec des personnes cherchant des services variés, allant de la peinture à la plomberie.
- **Handy** : Si votre mari est vraiment à l'aise avec les travaux manuels et veut se lancer plus sérieusement, **Handy** est une autre plateforme dédiée aux réparations à domicile. Elle est parfaite pour les personnes qui cherchent à réaliser des petits travaux comme l'installation de lumières ou la réparation de mobilier.
- **HomeAdvisor** : Cette plateforme est plus orientée vers des bricoleurs expérimentés ou ceux ayant une licence, mais c'est un excellent endroit pour des services de rénovation ou de réparation plus spécialisés.

---

2. **Développer une présence sur les réseaux sociaux**

Aujourd'hui, avoir une présence en ligne est presque indispensable pour attirer des clients. Pourquoi ne pas créer un compte pour votre mari sur des réseaux sociaux populaires ? Par exemple :

- **Instagram** : Documenter ses projets avant/après avec des photos et des vidéos peut attirer des clients potentiels. En postant régulièrement, avec des hashtags comme #Handyman, #DIY ou #HomeImprovement, il pourrait rapidement se faire une place dans la communauté des bricoleurs en ligne.
- **Facebook** : Créer une page ou un groupe local où il pourrait partager ses services est aussi une bonne idée. Beaucoup de personnes utilisent **Facebook Marketplace** pour chercher des services de bricolage. Il peut aussi

rejoindre des groupes locaux d'entraide pour proposer ses talents.

---

3. Utiliser des applications locales

Outre les grandes plateformes, il existe aussi des applications plus locales où votre mari pourrait proposer ses services, en particulier si vous vivez dans une grande ville :

- **Nextdoor** : C'est une application communautaire qui permet de connecter les voisins entre eux. Il pourrait y proposer ses services et attirer des clients dans son propre quartier. Beaucoup de personnes recherchent des services locaux de confiance, et Nextdoor est idéale pour établir un réseau de proximité.
- **Craigslist** : Une option plus classique, mais toujours efficace. **Craigslist** dispose d'une section dédiée aux services où votre mari pourrait poster des annonces pour ses prestations de bricolage. De nombreux utilisateurs locaux sont à la recherche de solutions rapides pour des petits travaux à domicile.

---

4. Devenir un consultant "bricolage" en ligne

Avec la montée du télétravail et des services à distance, pourquoi ne pas envisager de proposer des **conseils de bricolage en ligne** ? Certains seraient prêts à payer pour obtenir de l'aide, des tutoriels personnalisés ou des consultations sur des projets de bricolage. Pour cela :

- **YouTube** : Créer une chaîne où il montrerait comment effectuer des réparations ou donnerait des conseils

pratiques pourrait attirer de l'audience, et donc des revenus publicitaires à mesure que la chaîne se développe. Les tutoriels de bricolage sont très populaires sur cette plateforme !
- **Patreon** : Si sa chaîne YouTube ou son compte Instagram prend de l'ampleur, il pourrait lancer une page **Patreon** où des abonnés paient pour du contenu exclusif, comme des conseils plus détaillés, des lives ou des formations.
- **Udemy** ou **Skillshare** : S'il est vraiment à l'aise avec certaines compétences, il pourrait créer un cours en ligne sur des plateformes comme **Udemy** ou **Skillshare** . Ce cours pourrait enseigner aux autres comment effectuer certaines réparations ou monter des projets de bricolage simples.

5. Aller plus loin : lancer une petite entreprise de bricolage

Si ses talents sont vraiment développés et que le bouche-à-oreille fonctionne bien, il pourrait envisager de **créer sa propre micro-entreprise** de bricolage. Avec des outils comme **SquareSpace** ou **Wix** , il est facile de créer un site web professionnel en quelques clics. Et pourquoi ne pas imprimer quelques cartes de visite à distribuer localement ? En étant son propre patron, il pourrait fixer ses tarifs, choisir ses projets et gérer son emploi du temps comme il l'entend.

En résumé, avec un peu d'organisation et les bonnes plateformes, votre mari pourrait très bien transformer ses compétences en véritable activité génératrice de revenus. Ce qui était autrefois un simple passe-temps pourrait devenir une source de fierté (et de profit). Et soyons honnêtes : vous aurez l'immense satisfaction de voir que ses talents rapportent bien plus que vous ne l'imaginiez. Alors, prête à le pousser gentiment dans cette nouvelle aventure lucrative ?

1.2 : Mon mari, l'informaticien

Si votre mari est du genre à passer des heures devant son ordinateur, à jongler entre des lignes de code, des bugs à résoudre ou à configurer des systèmes, il est temps de transformer ces compétences technologiques en une véritable source de revenus. Ses talents en informatique ne doivent pas se limiter à réparer votre connexion Wi-Fi ou à remettre à jour votre antivirus (merci chéri !). Dans un monde où la technologie est omniprésente et où la demande pour des services informatiques est en constante augmentation, **l'informaticien de la maison** pourrait très bien se lancer dans des missions freelance, et pas qu'un peu !

Proposer ses services de dépannage informatique en freelance

Si votre mari est capable de réparer un ordinateur planté ou de dépanner une connexion Internet défaillante, il a déjà des compétences précieuses qui peuvent être monétisées. Voici quelques idées pour tirer parti de son expertise :

---

1. **S'inscrire sur des plateformes de freelance spécialisées**

L'un des moyens les plus efficaces de commencer à monétiser ses compétences en informatique est de s'inscrire sur des **plateformes de freelance** . Ces plateformes mettent en relation des freelances et des clients à la recherche de services informatiques, qu'il s'agisse de dépannage, de programmation, ou encore d'installation de systèmes. Voici quelques exemples concrets où il pourrait proposer ses services aux États-Unis :

- **Upwork** : Très populaire pour tous types de prestations informatiques, **Upwork** permet de créer un profil détaillé en

fonction de ses compétences : gestion de serveurs, dépannage de logiciels, optimisation de systèmes d'exploitation… Votre mari peut rapidement se connecter avec des entreprises ou des particuliers qui recherchent une assistance informatique.
- **Fiverr** : Cette plateforme permet aux freelances d'offrir des services sous forme de « gigs ». Il pourrait par exemple y proposer des prestations comme des **dépannages à distance**, l'installation de logiciels, la sécurisation d'ordinateurs, voire des conseils en cybersécurité. Sur **Fiverr**, les clients viennent à la recherche de services abordables, et c'est une excellente plateforme pour débuter et se créer une clientèle.
- **Malt** : Bien que plus connue en Europe, **Malt** permet aussi aux freelances de trouver des clients dans des domaines très variés, y compris l'informatique. C'est une bonne option pour trouver des missions à distance, qu'il s'agisse de configuration réseau, de maintenance de systèmes, ou de projets de codage spécifiques.
- **Toptal** : Si votre mari a des compétences plus avancées (programmation, développement web, etc.), **Toptal** est une plateforme plus exclusive, qui sélectionne les freelances en fonction de leur expertise. Ici, il pourra trouver des missions plus complexes et mieux rémunérées.

---

2. **Se concentrer sur des services de proximité**

Tous les problèmes informatiques ne nécessitent pas des interventions à distance. Beaucoup de particuliers ou de petites entreprises cherchent une **assistance locale** pour résoudre des problèmes techniques, installer des systèmes ou former leur personnel. En plus de s'inscrire sur des plateformes en ligne, il pourrait aussi :

- **Proposer ses services localement** : En créant des flyers, ou en postant des annonces sur des sites comme **Craigslist**

ou **Nextdoor**, il pourrait offrir des services de dépannage informatique aux particuliers de son quartier. Beaucoup de gens sont prêts à payer pour quelqu'un qui peut régler des problèmes techniques rapidement et en personne.
- **S'inscrire sur TaskRabbit** : Même si **TaskRabbit** est surtout connue pour les petits travaux manuels, elle propose aussi une section dédiée aux services technologiques. Votre mari pourrait y proposer des **réparations d'ordinateurs, des configurations de routeurs Wi-Fi, ou des installations de logiciels** pour les particuliers qui ont besoin d'aide.
- **Rejoindre des réseaux locaux d'entrepreneurs** : Si votre mari est à l'aise avec le réseautage, il pourrait rejoindre des groupes locaux de petites entreprises (via des réseaux comme **Meetup** ou **Eventbrite**). Ces groupes incluent souvent des entrepreneurs qui cherchent quelqu'un pour prendre en charge la **gestion de leurs besoins IT** (maintenance des ordinateurs, gestion des sauvegardes, installation de serveurs, etc.). Participer à ces réunions peut lui permettre de se faire connaître, et donc de trouver des clients réguliers.

---

3. **Proposer des dépannages informatiques à distance**

Si votre mari préfère éviter les déplacements, il peut très bien monétiser ses compétences sans même sortir de la maison. Grâce à des outils de prise en main à distance, il peut résoudre des problèmes techniques à des kilomètres de là. Voici comment :

- **Logiciels de prise en main à distance** : Avec des logiciels comme **TeamViewer** ou **AnyDesk**, votre mari peut dépanner des ordinateurs à distance. Il peut proposer ce service sur des plateformes comme **Upwork** ou **Fiverr**, ou même directement à des particuliers qu'il aura démarchés localement. Cela fonctionne aussi pour des entreprises qui cherchent une assistance technique à moindre coût.

- **Dépannage via les réseaux sociaux** : En créant un **compte dédié sur les réseaux sociaux** (Twitter, Facebook ou Instagram), il pourrait partager des astuces, des tutoriels et répondre à des questions courantes. En construisant une communauté, il pourrait attirer des clients qui lui demanderont de l'aide pour des dépannages spécifiques, payants cette fois.
- **Offrir des sessions de formation IT en ligne** : Votre mari est peut-être patient et pédagogue. Dans ce cas, il pourrait proposer des **formations en ligne** pour des particuliers ou des petites entreprises qui souhaitent apprendre à mieux gérer leurs systèmes informatiques ou à utiliser des logiciels spécifiques. Les plateformes comme **Zoom** ou **Google Meet** sont parfaites pour animer ces sessions.

---

4. **Monétiser des compétences avancées**

Si votre mari possède des **compétences plus poussées** dans des domaines comme la programmation, la cybersécurité ou le développement de sites web, il peut réellement en tirer un bon revenu en freelance ou en consultant. Voici quelques pistes pour des missions plus avancées :

- **Développement de sites web** : S'il sait coder, créer des sites web ou des applications, il pourrait proposer ces services via des plateformes comme **Wix Marketplace** (où des clients cherchent des développeurs pour personnaliser leurs sites), ou même offrir des solutions sur mesure pour des petites entreprises locales.
- **Consultant en cybersécurité** : La cybersécurité est un domaine en pleine expansion. Si votre mari connaît bien ce secteur, il pourrait proposer des **audits de sécurité informatique**, des installations de systèmes de protection ou encore des formations pour sensibiliser les entreprises aux menaces cybernétiques.

- **Maintenance de serveurs et de réseaux** : Si votre mari est un pro des infrastructures IT, il pourrait proposer des services de gestion et maintenance de serveurs pour de petites entreprises qui n'ont pas les moyens d'embaucher un IT en interne.

---

5. Lancer un blog ou une chaîne YouTube sur l'informatique

Enfin, une autre idée pour capitaliser sur son expertise est de **partager ses connaissances en ligne** et d'en tirer profit à travers des revenus publicitaires ou des partenariats. Voici comment :

- **Créer un blog technique** : Si votre mari aime partager des conseils ou des solutions techniques, il peut créer un blog où il publie des articles sur des sujets comme la maintenance informatique, les solutions de cybersécurité ou les astuces pour améliorer les performances d'un ordinateur. Avec le temps, le blog pourrait générer des revenus via la publicité ou des affiliations.
- **Lancer une chaîne YouTube** : Les tutoriels informatiques sont très populaires. En lançant une chaîne où il explique comment résoudre des problèmes informatiques courants, installer des systèmes ou même coder des projets simples, il pourrait attirer une audience fidèle et monétiser la chaîne via les publicités.

En conclusion, si votre mari a des talents en informatique, il serait dommage de les garder pour vous ! Que ce soit en offrant des dépannages, en donnant des cours ou en travaillant sur des projets plus complexes, ses compétences peuvent devenir une source régulière de revenus. Entre les plateformes de freelance, les services locaux ou même la création de contenu en ligne, il y a mille et une façons de gagner de l'argent avec un mari informaticien. Alors, pourquoi ne pas le pousser doucement à explorer ces opportunités ? Vous pourriez être surprise de voir à quel point son expertise technique peut rapporter gros !

1.3 : Le pro du sport

Ah, le mari sportif ! Vous savez, celui qui se lève à l'aube pour aller courir, qui connaît chaque machine de la salle de sport par cœur, et qui peut faire 50 pompes d'affilée sans transpirer. Il passe peut-être des heures à vous expliquer les avantages des protéines ou à vous motiver pour cette fameuse séance de cardio que vous avez (encore) repoussée. Mais pourquoi ne pas tirer parti de ce talent naturel pour transformer cette énergie débordante en une source de revenus ? Votre mari, le pro du sport, pourrait très bien devenir coach et gagner de l'argent tout en restant en pleine forme.

Donner des cours de coaching personnel

Si votre mari est déjà celui que ses amis et collègues appellent à la rescousse quand il s'agit de choisir un programme de musculation ou de perdre quelques kilos avant l'été, il a déjà un marché potentiel sous la main ! Voici quelques idées concrètes pour l'aider à transformer son amour du sport en business de coaching personnel.

---

1. **S'inscrire sur des plateformes spécialisées en coaching sportif**

Aujourd'hui, il existe de nombreuses plateformes en ligne où les coachs sportifs peuvent proposer leurs services à une clientèle en quête de motivation et de résultats. Si votre mari est sérieux au sujet du sport (et qu'il a peut-être quelques certifications en fitness ou en nutrition), ces plateformes peuvent être un excellent point de départ. Voici quelques options aux États-Unis :

- **Trainerize** : Cette application permet aux coachs de proposer des **séances de coaching en ligne**. Votre mari pourrait y créer des programmes personnalisés pour ses clients, qu'ils soient débutants ou confirmés, et suivre leurs progrès à distance. En plus, il peut proposer des conseils sur l'alimentation, l'entraînement, et même organiser des challenges sportifs.
- **Fyt** : Une plateforme américaine qui connecte les **coach sportifs certifiés** avec des clients à la recherche de séances privées. Si votre mari est certifié ou envisage de le devenir, **Fyt** est une excellente option pour obtenir des clients prêts à payer pour des séances personnalisées à domicile, en salle ou en ligne.
- **Thumbtack** : On l'a déjà mentionné pour d'autres compétences, mais **Thumbtack** est aussi une plateforme idéale pour proposer des services de **coaching personnel**. Les particuliers peuvent y chercher des coachs sportifs dans leur région pour des séances en présentiel ou des programmes à distance. Il suffit de créer un profil, ajouter ses spécialités (cardio, musculation, yoga…) et le tour est joué !

---

2. **Proposer des séances en ligne : le fitness à domicile**

Avec l'avènement des cours en ligne, votre mari peut **coacher des clients à distance**, que ce soit pour une séance de musculation intense ou un programme de remise en forme sur mesure. Voici comment il peut s'y prendre :

- **Via Zoom ou Skype** : Avec une simple webcam et un peu d'espace, il peut animer des séances d'entraînement personnalisées en ligne. Il pourrait établir un programme hebdomadaire avec ses clients, suivi de séances en direct où il les guide à travers chaque exercice. C'est une manière flexible de gagner de l'argent, et il peut même enchaîner plusieurs clients sur la journée sans avoir à quitter la maison.

- **Créer des programmes sur mesure** : S'il ne veut pas être en direct tout le temps, il peut aussi créer des **programmes préenregistrés** et les vendre en ligne. En les mettant à disposition sur des plateformes comme **Udemy**, **Skillshare** ou même son propre site web, il peut toucher un public plus large et vendre ses programmes sans avoir à les animer en direct. Il pourrait proposer des packs pour différents objectifs (perte de poids, musculation, endurance, etc.).
- **Instagram ou YouTube** : Si votre mari aime partager son savoir et ses entraînements, il pourrait aussi **créer du contenu sur Instagram ou YouTube**. Les vidéos d'entraînement, les conseils en fitness ou même des défis sportifs attirent beaucoup de vues et peuvent générer des revenus via la publicité ou des partenariats avec des marques de sport. Et qui sait, peut-être deviendra-t-il le prochain influenceur fitness à suivre !

---

3. Organiser des cours de groupe pour ses amis ou voisins

Si votre mari préfère le contact direct et les interactions sociales, il pourrait envisager d'organiser des **cours de groupe en présentiel**. Non seulement c'est un excellent moyen de rester en forme avec ses amis, mais il peut aussi en faire une activité rentable. Voici quelques idées pour commencer :

- **Cours en plein air dans le parc** : Il suffit de quelques tapis de yoga, des haltères, et une bonne playlist motivante pour organiser des **cours de fitness en plein air**. Il pourrait proposer des séances de circuit training, de bootcamp, ou même de course à pied en groupe, et les facturer à ses participants.

Beaucoup de gens préfèrent s'entraîner en groupe pour la motivation, et c'est une excellente manière d'offrir une alternative aux salles de sport tout en gagnant de l'argent.

- **Séances de yoga ou de stretching** : Si votre mari est plutôt du côté zen du fitness, il peut proposer des cours de **yoga, de Pilates ou de stretching** dans des lieux publics ou même à domicile. Il peut toucher un public différent, comme des personnes cherchant à réduire le stress ou améliorer leur flexibilité.
- **Organiser des événements sportifs** : Votre mari pourrait organiser des événements comme des **bootcamps de week-end**, où un groupe de participants paie pour une journée ou un week-end d'entraînement intensif.
- Ces événements sont de plus en plus populaires, surtout dans les grandes villes, et permettent de regrouper un plus grand nombre de participants.

---

4. **Proposer des programmes de remise en forme en entreprise**

Les entreprises sont de plus en plus conscientes de l'importance du bien-être de leurs employés. Si votre mari est à l'aise pour animer des séances de groupe, il pourrait également proposer ses services de coach **aux entreprises locales**. Voici quelques façons de faire :

- **Interventions en entreprise** : Proposer des séances de sport dans les bureaux ou à proximité pour encourager la santé et le bien-être des employés. Il pourrait se rapprocher de PME ou de start-ups locales qui n'ont pas encore de programme bien-être pour leurs équipes.

Une séance hebdomadaire de cardio ou de renforcement musculaire pourrait devenir un rendez-vous incontournable.

- **Formations sur la santé et le bien-être** : En plus du sport, il pourrait offrir des **ateliers sur la nutrition, le bien-être ou la gestion du stress**. Les entreprises aiment souvent organiser des journées spéciales pour leurs employés, et c'est une excellente opportunité de se faire connaître.

---

5. **Se lancer en tant que personal trainer certifié**

Si votre mari souhaite se professionnaliser et augmenter ses tarifs, obtenir une certification de coach personnel est une option à envisager. Aux États-Unis, des certifications comme celles proposées par **NASM (National Academy of Sports Medicine)** ou **ACE (American Council on Exercise)** sont très reconnues et ouvrent la porte à un marché plus vaste et mieux rémunéré. Une fois certifié, il pourra :

- **Proposer des services de coaching premium** : Une certification permet de facturer plus cher et de toucher des clients plus exigeants, prêts à investir pour un programme personnalisé et de qualité.
- **Travailler dans des salles de sport** : S'il le souhaite, il pourrait également être embauché par des **salles de sport locales** comme coach à temps partiel ou sur des créneaux spécifiques.

En conclusion, si votre mari est le genre à transpirer pour le plaisir, il pourrait très bien rentabiliser cette passion pour le sport. Que ce soit via des cours de coaching personnel, des sessions en ligne, ou même des événements sportifs avec les amis et voisins, il y a de nombreuses façons de transformer cette énergie en dollars sonnants et trébuchants. Et soyons honnêtes : c'est tout bénéfice pour vous aussi. Un mari en pleine forme qui rapporte de l'argent tout en restant en bonne santé… Qui dit mieux ?

Chapitre 2 : L'utiliser comme modèle ou star locale

2.1 : Mon mari mannequin (qu'il le veuille ou non)

N os chers maris ! On les aime pour leur maladresse parfois touchante, leur habitude de penser qu'ils sont des experts en tout (même quand ils ne le sont pas) et surtout, pour leur capacité à nous surprendre. Mais qui aurait pensé qu'on pourrait aussi en faire... des stars locales ? Oui, vous avez bien lu. Vous avez peut-être une petite célébrité en puissance qui ronfle sur votre canapé chaque dimanche. Et si on exploitait tout ce potentiel insoupçonné pour gagner un peu d'argent ? Après tout, il est temps qu'il rentabilise ses talents, même ceux qu'il ne sait pas encore qu'il a ! Imaginez la scène : c'est un mardi matin comme un autre, votre mari est en train de boire son café, complètement inconscient du fait que vous, avec votre œil affûté, vous êtes en train de le visualiser dans la prochaine pub pour des tondeuses. Il faut le dire, cette barbe l égèrement négligée, cette allure de « je suis un homme, j'entretiens ma maison », ça crie "modèle publicitaire". Allez, avouez-le, l'idée de le voir sur un panneau géant vantant les mérites de l'outillage local ne vous déplairait pas.
Mais bon, avant de transformer votre homme en égérie du bricolage, il faut y aller doucement. Tous les maris ne sont pas prêts à se lancer dans le man nequinat du dimanche sans un peu de préparation. Commençons par un test simple : la fameuse vidéo surprise. Vous le filmez, l'air de rien, pendant qu'il tond la pelouse ou essaie désespérément de monter ce meuble Ikea sans suivre les instructions (parce que qui a besoin d'instructions, vraiment ?).

Quelques plans bien choisis, une petite musique amusante, et voilà, une vidéo prête à cartonner sur les réseaux.
Et pourquoi s'arrêter là ? Avec les bons hashtags – #HusbandGoals, #StarDuDimanche – et un petit coup de pouce de vos amies qui partagent la vidéo, vous pouvez faire de lui une vraie petite célébrité locale. Les voisins le regarderont autrement lors du prochain barbecue du quartier : « Hé, mais c'est pas toi que j'ai vu sur Instagram ? ». Il n'avouera jamais qu'il a adoré ce moment de gloire, mais croyez-moi, il se sentira flatté.
Et puis, n'oublions pas les anecdotes. Comme cette fois où il a participé au vide-grenier du quartier et a réussi à vendre une vieille lampe en prétendant qu'elle était un « objet vintage très recherché » (spoiler : ce n'était pas le cas, mais son assurance a fait mouche). Vous l'avez sous les yeux, le vendeur né, le futur visage de la boutique de brocante du coin !
Ou cette autre fois où, sans crier gare, il a pris le micro lors d'un karaoké (après quelques bières) et a interprété "Sweet Caroline" avec une passion qu'on ne lui connaissait pas. La foule était en délire, vous aussi, et si seul ement vous aviez filmé ce moment ! C'était le début d'une belle carrière de star locale, à votre insu.
Il y a aussi cette anecdote classique, où il vous annonce fièrement qu'il va « juste jeter un coup d'œil à la voiture » et se transforme, trois heures plus tard, en mécanicien improvisé, couvert de graisse, un air concentré sur le visage. Imaginez cette scène immortalisée dans une pub pour une nouvelle station-service ou un garage local. Qui n'a pas besoin d'un héros comme lui dans sa vie ?
Ce qui est merveilleux avec l'idée d'utiliser votre mari comme star locale, c'est qu'il n'a même pas besoin de savoir qu'il est une star. Les petites vidéos des moments où il bricole, jardine, cuisine (ou tente de le faire), sont souvent les plus authentiques, et c'est ce qui marche aujourd'hui. Il suffit de capturer ces instants où il fait tout avec son sérieux habituel, mais avec ce petit côté maladroit qui le rend attachant. Postez, partagez, et regardez les likes affluer.
Et si l'idée de lui dire « chéri, tu vas être une star » semble un peu risquée, il suffit de présenter les choses avec subtilité. « Tu sais, tes talents de bricoleur pourraient vraiment intéresser d'autres gens, pourquoi ne pas en faire une vidéo ? ». Il sera peut-être réticent au début, mais la perspective de partager son savoir (ou ses mésaventures) avec d'autres pourrait le convaincre. Qui sait ? Peut-être qu'il finira par se prendre au jeu.

En fin de compte, utiliser votre mari comme star locale n'est pas seulement une manière drôle de générer des revenus, c'est aussi une manière de célébrer ses talents (qu'ils soient réels ou imaginaires) et de partager avec le monde entier ce qui fait que vous l'aimez tant. Alors, sortez votre caméra, votre smartphone ou même votre vieux caméscope, et laissez-le briller sous les projecteurs, même si ce ne sont que ceux de la cuisine pendant qu'il fait sa fameuse omelette.

Vous verrez, c'est aussi amusant pour lui que pour vous – et avec un peu de chance, cela pourrait même payer l'abonnement Netflix du mois prochain.

1. Mettre en scène votre mari sur Instagram ou TikTok

Vous le voyez, votre mari, dans ses moments de la vie quotidienne, en train de bricoler dans le garage, de cuisiner son plat fétiche, ou simplement de se détendre avec un bon bouquin ? Voilà des moments banals qui, bien capturés et accompagnés d'une bonne dose d'humour, peuvent devenir de véritables **pépites virales**. Les internautes adorent les contenus qui reflètent des situations du quotidien avec une touche d'originalité. Et là, il y a un réel potentiel à exploiter.

Créez un compte Instagram ou TikTok et commencez à poster des vidéos ou des photos dans lesquelles vous mettez en scène votre mari de manière inattendue. Quelques idées concrètes :

- **Les mises en scène drôles** : Vous pouvez jouer sur le contraste entre son sérieux naturel et des situations loufoques. Par exemple, filmez-le en train de bricoler, mais ajoutez des sous-titres humoristiques qui racontent une tout autre histoire, comme s'il inventait une machine révolutionnaire alors qu'il ne fait que réparer une vieille chaise.
- **Les transformations stylées** : Pourquoi ne pas habiller votre mari avec les dernières tendances mode (ou du moins essayer !) et le photographier comme s'il participait à une séance photo pour un magazine. Des comptes comme celui de @marceldrexl ou @justusf_h, où les hommes deviennent

des mannequins malgré eux, attirent souvent un large public parce qu'ils mélangent l'humour et le style.
- **Les vidéos de "before/after"** : Les transformations rapides, où vous montrez votre mari avant (en pyjama, cheveux en bataille) puis après (tout beau, prêt à sortir), sont très populaires. Utilisez des montages rapides, des musiques entraînantes et vous avez un contenu qui capte facilement l'attention sur TikTok ou Instagram Reels.

---

2. Collaborations et partenariats sur Instagram ou TikTok

Une fois que vous avez quelques abonnés, il est temps de penser à monétiser. Les marques, surtout locales, recherchent souvent des influenceurs, même à petite échelle, pour promouvoir leurs produits. Si votre mari a une personnalité attachante ou que vous réussissez à créer un style unique autour de son image, vous pourrez rapidement attirer des opportunités de partenariat.
Voici quelques idées pour décrocher vos premiers partenariats :

- **Produits vestimentaires ou accessoires** : Même sans un physique de top model, des marques locales de vêtements, de montres ou d'accessoires pourraient être intéressées par la visibilité qu'un compte Instagram humoristique et léger peut leur apporter.
- **Produits du quotidien** : On parle de **sponsorisations** pour des outils de bricolage, des équipements de sport, ou même des produits de beauté (parce que oui, même les hommes ont besoin d'une bonne crème hydratante !). Vous pouvez faire des vidéos où il teste ces produits, en donnant un avis sincère et drôle.
- **Les concours ou giveaways** : Une autre manière d'attirer plus d'abonnés et de partenaires est de proposer des concours en partenariat avec des marques. Par exemple, vous pourriez organiser un "giveaway" avec une entreprise locale où un des abonnés gagne un produit que votre mari aura testé.

3. Devenir viral : miser sur les tendances

Si vous voulez que votre mari devienne une véritable star des réseaux sociaux, il faut aussi être à l'affût des tendances. Chaque semaine, une nouvelle **tendance TikTok** ou **challenge Instagram** émerge. Saisissez cette opportunité pour y intégrer votre mari d'une manière unique et engageante.

Par exemple, si un challenge de danse devient viral, pourquoi ne pas filmer votre mari qui essaie maladroitement de suivre les pas de danse tout en bricolant ou en cuisinant ? Ce mélange entre le **quotidien réaliste** et la **tendance du moment** capte souvent l'attention et peut propulser votre compte sur le devant de la scène.

4. Faire preuve de patience : le chemin vers la "célébrité" locale

Le succès sur les réseaux sociaux ne se fait pas en une nuit. Il faudra du temps pour comprendre ce qui plaît à votre audience et pour créer un style propre à votre mari. Cependant, avec régularité et engagement, vous pourriez très bien transformer cette activité en source de revenus. Commencez petit, avec des vidéos ou photos simples et légères, puis au fil du temps, vous pourrez améliorer la qualité de vos contenus, par exemple en investissant dans une meilleure caméra ou en apprenant à utiliser des logiciels de montage.

Si vous êtes consistante et que vous parvenez à capturer l'essence humoristique ou unique de votre mari, vous verrez petit à petit votre audience grandir, et avec elle, les opportunités financières.

En conclusion, même si votre mari n'a jamais rêvé de devenir mannequin, il n'y a rien qui vous empêche de le propulser sous les projecteurs des réseaux sociaux. Avec un peu de créativité, une pincée d'humour, et beaucoup de patience, vous pourriez bien créer un compte Instagram ou TikTok qui, à force de petits efforts, attirera des abonnés, des partenariats, et pourquoi pas, des revenus supplémentaires. Que ce soit en pyjama ou habillé en parfait dandy, tout peut devenir matière à contenu viral. Et qui sait, dans quelques mois, votre mari pourrait être le prochain influenceur dont on parle... sans qu'il l'ait vraiment vu venir.

2.2 : Faire de lui une star de YouTube

Et si, au lieu de simplement regarder des vidéos sur YouTube, votre mari devenait lui-même la star☐ ? Certes, il n'a peut-être jamais rêvé de devenir le prochain PewDiePie ou Gordon Ramsay, mais pourquoi ne pas profiter de ses talents ou de ses passions pour créer du contenu qui pourrait, petit à petit, générer des revenus☐ ? Même les personnes timides ou réservées peuvent s'y mettre sans trop de pression. L'idée est de partir de vidéos simples, puis d'augmenter graduellement le niveau de production. Allez, on enfile la casquette de réalisateur et on lui fait découvrir les joies de la création de contenu YouTube !

1. Choisir la passion de Monsieur : cuisine, bricolage, gaming... ou tout autre hobby

Votre mari a sûrement une passion qui l'anime. Que ce soit la cuisine, le bricolage, le gaming ou même la pêche, il y a forcément un public qui cherche des vidéos instructives, amusantes ou inspirantes sur ces sujets. La clé est de capitaliser sur ce qu'il fait déjà naturellement. Si Monsieur passe des heures dans la cuisine à tester des nouvelles recettes ou à bidouiller des gadgets dans le garage, il suffit de poser une caméra pour capturer ces moments. Voici quelques idées pour commencer :

- **La cuisine** : Si votre mari est un as des fourneaux, pourquoi ne pas filmer ses recettes et astuces culinaires ? Il pourrait montrer comment préparer des plats rapides et savoureux pour des dîners de semaine, ou au contraire, des repas gastronomiques pour impressionner les invités. Les chaînes YouTube de cuisine attirent une large audience, qu'il s'agisse de recettes simples ou de plats élaborés. Si, en plus, il a un humour décalé ou un style décontracté, cela pourrait vraiment se démarquer !

- **Le bricolage** : Si Monsieur adore les outils et passer du temps à construire ou réparer, il existe un véritable marché pour les vidéos de DIY (Do It Yourself). Que ce soit pour des petits projets comme fabriquer des étagères ou des travaux plus complexes comme rénover une pièce, les vidéos de bricolage sont toujours très demandées. La clé ici serait de filmer le processus avec des explications claires (et pourquoi pas quelques anecdotes amusantes sur ses galères ou réussites).
- **Le gaming** : Ah, le gaming ! Si votre mari passe des heures à jouer à des jeux vidéo, vous pourriez littéralement transformer ces sessions en business. Il peut filmer ses parties, partager ses stratégies, faire des critiques de jeux ou même réagir en direct à des nouveautés. Il n'a pas besoin d'être un expert, car même des chaînes de gamers amateurs avec un style authentique et drôle peuvent attirer des abonnés.

---

2. Créer et animer une chaîne YouTube : les premiers pas

Maintenant que vous avez identifié ce que votre mari aime faire, il est temps de lancer la chaîne YouTube. Pour démarrer, il suffit de peu : un smartphone avec une caméra décente, un compte YouTube et une bonne dose de bonne humeur. Voici comment commencer simplement :

- **Première étape : filmer des vidéos simples et authentiques** . Nul besoin d'investir dans du matériel coûteux dès le début. L'idée est de filmer des vidéos de qualité correcte, mais surtout sincères et engageantes. Par exemple, si votre mari cuisine, vous pouvez filmer un "tuto recette" en une seule prise, avec ses commentaires

spontanés. Ou s'il bricole, filmez-le en train de montrer comment fixer un robinet qui fuit (les internautes adorent les solutions à leurs problèmes du quotidien). Gardez un ton authentique, car c'est ce qui attire le plus souvent les abonnés au début.
- **Deuxième étape : créer des mini-séries** . Une fois qu'il se sent à l'aise avec la caméra, vous pouvez structurer les vidéos en mini-séries thématiques. Par exemple, s'il aime cuisiner, vous pouvez créer une série "Les recettes de la semaine" ou "Cuisiner avec trois ingrédients". Pour le bricolage, cela pourrait être "Projets faciles à réaliser en un week-end". L'objectif est de donner à son audience une raison de revenir chaque semaine.

3. Monétiser la chaîne YouTube : transformer la passion en revenus

Une fois que la chaîne a pris un peu d'élan et que vous commencez à avoir quelques abonnés, il est temps de réfléchir à la monétisation. Voici quelques façons concrètes de gagner de l'argent avec une chaîne YouTube :

- **Les publicités YouTube** : Dès que votre chaîne atteint 1 000 abonnés et 4 000 heures de visionnage sur une année, vous pouvez activer la monétisation via Google AdSense. YouTube placera alors des publicités avant ou pendant les vidéos, et vous toucherez une petite somme en fonction du nombre de vues.
- **Le sponsoring** : Si votre chaîne commence à attirer l'attention, des marques peuvent vous contacter pour des partenariats sponsorisés. Par exemple, si votre mari crée du contenu autour du bricolage, des entreprises qui vendent des outils ou des matériaux de construction pourraient vouloir qu'il présente leurs produits dans ses vidéos. Pour la cuisine, ce pourrait être des marques d'aliments ou d'ustensiles. Et dans le gaming, cela peut aller des

développeurs de jeux aux fabricants de matériel informatique.
- **Le financement participatif** : Vous pouvez également encourager votre audience à soutenir la chaîne via des plateformes comme Patreon, où les fans peuvent faire des dons mensuels en échange de contenus exclusifs. Par exemple, votre mari pourrait proposer des vidéos bonus ou des "behind the scenes" pour ses contributeurs.

---

4. Faire évoluer le contenu : améliorer la qualité de production au fil du temps

Au début, les vidéos peuvent être très simples. Mais une fois que la chaîne commence à croître, vous pouvez envisager d'investir dans du matériel de meilleure qualité, comme une meilleure caméra, des micros pour améliorer le son, et des logiciels de montage. Nul besoin de devenir un pro du montage vidéo tout de suite, mais des vidéos bien produites attirent souvent plus d'audience. L'important est de progresser petit à petit, en fonction des retours de votre communauté.

De plus, une fois que Monsieur se sentira plus à l'aise devant la caméra, vous pourrez tenter des formats plus ambitieux : des tutoriels plus complexes, des vidéos humoristiques plus travaillées, ou même des collaborations avec d'autres YouTubers.

---

5. Gérer la timidité : comment encourager un mari introverti

Si votre mari est timide, pas de panique. Beaucoup de créateurs de contenu ont commencé en étant mal à l'aise devant la caméra. Vous pouvez le soutenir en filmant des vidéos simples et courtes au début, où il n'a pas besoin de trop parler ou de se mettre en scène de manière extravertie. Par exemple, pour les vidéos de cuisine, il peut commencer par montrer ses mains qui préparent le plat, avec un commentaire audio en voix off. Pour le bricolage ou le gaming, il

peut se concentrer sur ses gestes, ses actions, sans avoir à se filmer en gros plan.
Petit à petit, en prenant confiance et en voyant les réactions positives de sa communauté, il pourra s'ouvrir davantage et prendre plaisir à créer. Et puis, avec vous derrière la caméra, il saura qu'il peut compter sur un soutien indéfectible (et quelques rires complices en bonus).

En conclusion, faire de votre mari une star de YouTube n'est pas seulement amusant, c'est aussi une vraie opportunité de monétiser ses passions. Qu'il soit cuisinier amateur, bricoleur chevronné ou gamer invétéré, il y a un public pour chaque domaine. L'essentiel est de commencer petit, avec des vidéos simples, puis d'évoluer progressivement. Alors, pourquoi ne pas lancer cette chaîne aujourd'hui et voir où cela peut vous mener ? Entre deux rires, vous pourriez bien découvrir un nouveau filon pour générer des revenus et créer du contenu qui plaira à des milliers (voire des millions) de spectateurs.

2.3 : Louer son image

Et si votre mari devenait la star de la pub locale pour la nouvelle pizza du coin ou même le visage charismatique d'une campagne pour des meubles en kit ? On ne parle pas de faire de lui le prochain Brad Pitt, mais plutôt de lui proposer de louer son image pour des projets accessibles et bien plus proches de votre quotidien. C'est une manière originale (et lucrative) de tirer profit de ce qu'il a déjà : son charmant sourire, son look "normal" (ou pas), et son charisme naturel qui, soyons honnêtes, vous a fait craquer au départ. Qui aurait pensé que ce sourire qui vous a conquise pourrait aussi conquérir un réalisateur en quête de la figure idéale pour une publicité de tondeuse à gazon ou de jus de fruits bio ?

1. Devenir figurant : un travail à portée de main (ou plutôt de visage)

Si vous vivez dans une grande ville ou à proximité d'une, sachez que des centaines de publicités locales, films amateurs et projets créatifs sont produits chaque année. Beaucoup de ces projets ne nécessitent pas des acteurs professionnels, mais plutôt des "gens normaux" pour remplir des rôles de figurants ou participer à des shootings photos. Pas besoin d'avoir une formation en comédie ni d'être un athlète olympique : l'important, c'est d'être authentique. **Voici quelques idées concrètes pour débuter dans ce domaine :**

- **Rejoindre des plateformes de casting en ligne** : Il existe de nombreux sites où vous pouvez créer un profil pour votre mari et l'inscrire à des castings de figurants. Des sites comme Backstage, Casting Networks ou même Craigslist (dans la section "Gigs") publient régulièrement des offres pour des publicités, des films indépendants, ou encore des sessions de photographie publicitaire. Créez un joli profil pour Monsieur, avec quelques photos sous différents angles (oui, vous allez devoir jouer au photographe ici !), et commencez à répondre aux annonces qui correspondent à son look et son emploi du temps.
- **S'inscrire dans des agences locales** : De nombreuses agences de talents recrutent des personnes "ordinaires" pour des castings. Parfois, les entreprises recherchent spécifiquement des figurants qui ressemblent à M. Tout-le-Monde : ce voisin qui tond sa pelouse le dimanche, ce père de famille qui fait ses courses en jogging. Les agences locales sont parfaites pour cela, car elles connaissent les besoins des productions locales (publicités pour des restaurants, des magasins ou des services de proximité).
- **Les petites annonces dans les journaux locaux ou sur Facebook** : Les groupes Facebook spécifiques à votre ville ou région regorgent d'annonces pour des projets vidéo ou photo en recherche de talents. Que ce soit pour un film étudiant ou une publicité d'une petite entreprise, il y a

toujours des occasions pour un rôle de figurant. N'hésitez pas à y jeter un coup d'œil régulièrement.

2. Les publicités locales : il est temps de briller !

Les publicités locales sont un véritable gisement d'opportunités pour les nouveaux visages. Que ce soit pour un concessionnaire auto ou une chaîne de pizzerias locales, ces entreprises cherchent souvent des personnes qui incarnent une image familière et accessible. Votre mari pourrait tout à fait devenir le visage de la prochaine campagne "2 pizzas pour le prix d'une" ou encore "Satisfait ou remboursé". Imaginez sa tête placardée sur des affiches dans les arrêts de bus ou dans les pages du journal local, vantant les mérites de l'abonnement à la salle de sport du quartier. De plus, il n'est pas rare que ces petits projets offrent des cachets intéressants pour une journée de tournage ou de shooting photo.

- **Participer à des publicités locales** : De nombreux restaurants, garages ou magasins locaux recherchent des figurants pour leurs spots publicitaires. Ces publicités sont souvent diffusées sur les chaînes de télévision régionales ou en ligne. Imaginez un peu votre mari en vedette dans une pub pour le nouveau burger de chez Joe's Diner, avec un sourire éclatant en train de croquer dans son sandwich. Le plus beau dans tout ça ? Ces tournages ne prennent généralement qu'une journée, et le cachet peut être intéressant, surtout pour un travail si "amusant".
- **Les publicités pour produits spécifiques** : Certaines marques locales recherchent aussi des modèles pour leurs campagnes produits. Monsieur pourrait tout à fait se retrouver à poser en tenue décontractée pour une nouvelle gamme de vêtements éco-responsables ou encore devenir la figure "cool" d'une campagne pour des vélos électriques. Ces shootings sont souvent moins exigeants que des castings pour des grandes campagnes, et ils sont plus accessibles pour les personnes sans expérience.

3. Films amateurs et court-métrages : une expérience unique et lucrative

Un autre domaine où louer l'image de votre mari peut rapporter, ce sont les films indépendants et courts-métrages. Ces projets sont souvent en quête de talents locaux pour remplir les rôles de figurants ou même des petits rôles secondaires. En participant à un court-métrage, Monsieur pourrait non seulement toucher un cachet, mais aussi vivre une expérience unique sur un tournage, côtoyant de jeunes réalisateurs pleins d'idées et de créativité.

- **Les films étudiants et courts-métrages indépendants** : Ces productions ne disposent pas toujours des moyens pour recruter des acteurs professionnels, mais elles offrent des opportunités parfaites pour des amateurs. Votre mari pourrait être "l'homme à la caisse" dans une scène de supermarché ou encore "le père de famille qui prend son café" dans une pub rétro. Des rôles simples, sans pression, mais qui peuvent offrir une première expérience de tournage. Et en prime, ces petites productions sont souvent diffusées dans des festivals locaux où il pourra se voir sur grand écran (fierté assurée).
- **Les festivals de films locaux** : En vous inscrivant sur des plateformes locales ou en rejoignant des groupes de cinéphiles, vous tomberez régulièrement sur des annonces de réalisateurs en quête de figurants ou d'acteurs non professionnels pour leurs films. L'avantage ici ? Non seulement il sera payé, mais il vivra une expérience enrichissante, entouré de passionnés du cinéma.

---

4. Les shootings photo : pourquoi ne pas tenter les séances professionnelles ?

Les shootings photos pour des catalogues, des brochures ou des campagnes publicitaires sont aussi une opportunité intéressante. Votre mari pourrait être engagé pour poser dans des scènes de vie quotidienne : un père de famille à table, un homme faisant du vélo, ou encore un cadre détendu buvant son café dans une pub pour du mobilier de bureau. Contrairement à ce qu'on pourrait croire, ces shootings ne sont pas réservés aux top-modèles. Au contraire, les marques locales ou les entreprises qui misent sur une approche plus humaine recherchent des profils divers et réalistes.

- **Photographie de stock** : Certaines plateformes de photos en ligne, comme Shutterstock ou Adobe Stock, recherchent constamment de nouvelles images pour enrichir leur base de données. Si votre mari est à l'aise avec l'idée, vous pourriez organiser quelques séances photos où il joue des scènes de la vie quotidienne. Les photos de lui en train de jardiner, cuisiner, bricoler ou simplement se détendre peuvent ensuite être vendues sur ces plateformes. Chaque téléchargement génère un petit revenu, et si la photo est populaire, cela peut devenir une source de revenus passifs intéressante.

5. Quelques conseils pratiques pour se lancer

- **Créer un portfolio simple** : Rien de très compliqué. Il suffit de quelques photos bien prises dans différentes tenues et situations. Une photo en mode décontracté, une plus formelle, et peut-être même une où il "joue un rôle" (comme cuisiner ou lire un journal). C'est suffisant pour impressionner les recruteurs qui recherchent quelqu'un de "naturel".
- **Chercher des annonces locales** : Faites le tour des groupes Facebook, Craigslist ou des sites spécialisés pour trouver des annonces de tournages ou shootings près de chez vous. Vous seriez surpris de voir à quel point ces opportunités sont fréquentes, même dans les villes moyennes.

En résumé, louer l'image de votre mari peut être un excellent moyen de générer des revenus tout en s'amusant. Que ce soit pour de la figuration, des publicités locales ou même des films amateurs, les opportunités sont nombreuses et accessibles. Avec un peu de créativité, vous pouvez transformer chaque projet en un moment unique qui, en plus de remplir un peu les poches, peut créer des souvenirs amusants et mémorables. Allez, qui aurait cru que votre mari allait devenir la prochaine star locale du quartier ?

<u>Chapitre 3 : Mon mari, mon chauffeur de luxe</u>

Nos chers époux …. ce conducteur au talent inestimable ! Quand il n'est pas en train de se perdre dans les méandres de la ville, il est sûrement en train de conduire comme s'il s'agissait d'une course de Formule 1, la main gauche sur le volant, la droite sur le levier de vitesse, et une playlist de hits des années 80 à fond. Qui aurait cru qu'il était un pilote de rallye dans l'âme ?
On se moque souvent de leurs compétences de navigation. "Chéri, il y a une carte à côté de toi, tu sais." Mais il ne veut rien entendre. Pour lui, chaque trajet est une aventure, et chaque virage, un nouveau défi. Je vous jure, un jour, je l'ai entendu argumenter avec le GPS comme s'il était en plein débat politique. "Non, mais attends, il y a un raccourci ici !" On a bien failli se retrouver à la frontière d'un autre État, mais quel homme n'a jamais voulu prouver qu'il connaît le chemin mieux que la technologie ?
Et parlons du fameux service de covoiturage. Vous l'avez vu ? Avec ses talents de conducteur, il pourrait devenir le roi de BlaBlaCar. Imaginez-le, embarquant des passagers dans sa voiture, offrant un mini-concert de son répertoire musical tout en leur racontant des histoires dignes d'un roman de voyage. Je vous promets, même un trajet de 30 minutes peut se transformer en une épopée hilarante où il raconte comment il a failli se faire arrêter pour excès de vitesse... alors qu'il respectait la limite, bien sûr.

Pour ceux qui n'ont pas encore pensé à louer leur voiture, c'est l'occasion rêvée. "Chéri, tu sais, ta voiture peut te rapporter de l'argent quand tu ne l'utilises pas !" Et lui, avec ses yeux de petit garçon, tout excité à l'idée de se transformer en entrepreneur. Il commence à imaginer son véhicule comme une superstar, se vantant d'avoir "littéralement" fait du profit en laissant quelqu'un d'autre la conduire.
Je l'ai même vu en train de nettoyer la voiture avec un soin maniaque, comme s'il préparait une star pour le tapis rouge. "Regarde-moi ça, je veux que la prochaine personne qui monte soit impressionnée !"
Et que dire de ces jours où il se transforme en livreur ? "Tu sais, je pourrais livrer des pizzas pour arrondir les fins de mois !" Je n'ai jamais vu quelqu'un aussi déterminé à devenir le "Super-Delivery-Man". Quand il arrive avec les commandes, il a l'air plus fier qu'un étudiant qui vient de décrocher son diplôme. Et ne le sous-estimez pas, même si les clients ont parfois plus de questions sur son super costume de livreur que sur leur commande.
À la fin de la journée, qui a besoin d'un chauffeur de luxe quand on a un mari capable de tout ? Il peut être maladroit, un peu tête en l'air, mais c'est exactement ce qui rend chaque trajet si mémorable. Alors, mesdames, la prochaine fois que votre homme monte derrière le volant, rappelez-vous qu'il n'est pas seulement un mari, mais aussi le conducteur de vos rêves... ou du moins, de vos aventures hilarantes. Après tout, il n'y a rien de plus sexy qu'un homme au volant, surtout quand il ne sait pas vraiment où il va !

3.1 : Utiliser sa voiture pour faire du covoiturage

Ah, le covoiturage ! Le rêve de chaque mari qui aime conduire (ou qui pense être le meilleur conducteur du monde). Pourquoi ne pas rentabiliser ces talents ? Après tout, il passe déjà la moitié de son temps à vous conduire ici et là, alors pourquoi ne pas faire en sorte que ce talent inné (ou du moins, qu'il croit inné) génère un peu d'argent ?

Avec des plateformes comme **BlaBlaCar** , votre mari peut devenir non seulement votre chauffeur privé, mais aussi celui de parfaits inconnus en quête d'un trajet bon marché. Imaginez-le, fièrement assis derrière le volant, expliquant aux passagers qu'il connaît un raccourci "infaillible" pour éviter le trafic (ce même raccourci qui nous fait arriver avec 20 minutes de retard à chaque fois, mais ça, c'est une autre histoire).

Le covoiturage, c'est aussi une manière parfaite pour votre mari de partager son amour des anecdotes avec d'autres victimes... pardon, passagers. Ceux qui montent dans sa voiture ne se doutent pas qu'ils ont signé pour une mini-conférence sur l'histoire de chaque bâtiment qu'il aperçoit en chemin. « Ah, cette maison-là, elle a été construite en 1923... » Oui, il a peut-être loupé sa vocation de guide touristique, mais au moins, il est prêt à la partager avec enthousiasme, surtout s'il est payé pour ça.

Les avantages du covoiturage ne s'arrêtent pas là. En plus de rentabiliser ces trajets qui, jusque-là, n'apportaient que du stress à votre mari (et à vous), c'est une occasion pour lui de montrer à quel point il est écolo. « Chéri, tu sauves la planète en réduisant ton empreinte carbone. » Rien que ça. Et il pourra se targuer de son nouveau statut de "héros du climat" à chaque barbecue de quartier. Avec un peu de chance, ses passagers lui feront même des compliments sur l'état impeccable de la voiture, parce que oui, il passera certainement la soirée avant chaque trajet à nettoyer méticuleusement l'intérieur (comme s'il s'apprêtait à transporter la reine d'Angleterre).

Mais soyons réalistes, il y a quelques challenges à prendre en compte. Si votre mari est du genre à ne pas aimer parler aux étrangers... eh bien, le **BlaBlaCar** risque de devenir **Car** , sans le "BlaBla". C'est là qu'il faut trouver l'équilibre. Il peut choisir des trajets où l'interaction est minimale, comme une course de deux heures avec des écouteurs bien enfoncés et une playlist soigneusement élaborée. Si les passagers ne veulent pas écouter son concert privé, c'est eux qui seront gênés, pas lui !

Si votre mari a l'esprit d'aventure (et un peu de patience pour les passagers en retard ou les petites discussions météo), le covoiturage peut devenir un hobby lucratif. Et qui sait, peut-être qu'après quelques trajets, il se rendra compte qu'il adore être payé pour faire ce qu'il fait déjà tous les jours : conduire... et se perdre.

3.2 : Louer sa voiture quand il ne s'en sert pas

On a tous un mari qui se vante d'avoir LA voiture parfaite. Celle qui "ne fait jamais défaut" (sauf quand la batterie lâche, bien sûr), celle qu'il bichonne comme si c'était une Ferrari, alors que c'est une berline un peu vieillotte qui a survécu à de nombreux voyages, à des déménagements, et probablement à un ou deux accidents mineurs qu'il préfère ne pas évoquer. Eh bien, pourquoi ne pas rentabiliser cette merveille quand il ne l'utilise pas ?
Imaginez la scène : la voiture, impeccablement garée dans l'allée, inutilisée pendant des jours. C'est comme voir de l'argent dormir sous vos yeux ! Et là, vous avez une révélation : **Pourquoi ne pas la louer** ? Il y a des plateformes pour ça, comme **OuiCar** ou **Getaround**, où les gens peuvent louer votre voiture pour un jour, un week-end, ou même plus. Pas besoin d'une voiture de luxe pour faire des sous, juste d'un peu d'organisation et d'une bonne dose de persuasion pour que Monsieur accepte que *quelqu'un d'autre* touche à son précieux bolide.
Vous savez déjà comment ça va se passer : il va d'abord lever les yeux au ciel à l'idée que des étrangers puissent conduire "sa" voiture. Il va probablement vous sortir une phrase du style : "Personne ne saura la conduire aussi bien que moi." Oui, bien sûr, parce que sa manière de négocier chaque rond-point comme une épreuve de slalom est *très* spéciale. Mais avec un peu de persuasion (et en lui montrant combien d'argent il pourrait gagner), il finira par céder.
Avant la première location, préparez-vous à voir votre mari se transformer en inspecteur automobile. Il va nettoyer, polir, vérifier les niveaux d'huile comme si la voiture allait passer un contrôle technique pour entrer dans une compétition de courses de voitures. C'est là que vous réaliserez à quel point il est attaché à cette machine, qu'il traite presque comme un membre de la famille.
Et puis, vient le moment crucial : la première location. Vous verrez son regard inquiet alors qu'il remet les clés à l'heureux locataire, probablement en lui expliquant en long et en large *comment* bien la conduire, comme si cette personne n'avait jamais tenu un volant de

sa vie. Il jettera un dernier coup d'œil à la voiture, le cœur serré, comme si elle partait pour une grande aventure sans lui.
Mais ensuite, le miracle se produit : l'argent commence à arriver. Chaque jour où la voiture est louée, c'est une somme qui tombe directement dans le porte-monnaie familial. Très vite, votre mari va se rendre compte que, finalement, laisser quelqu'un d'autre conduire n'est pas si terrible que ça. Mieux encore, il pourrait se prendre au jeu et commencer à planifier les jours où *il* n'a pas besoin de la voiture, juste pour pouvoir la louer. Il se pourrait même qu'il commence à dire : "Tu sais, ma voiture travaille plus que moi ces jours-ci."
Et n'oublions pas le côté pratique. Si votre mari n'utilise sa voiture que pour aller chercher du pain ou faire le plein une fois par semaine, c'est un potentiel inexploité. Plutôt que de la laisser dormir dans le garage, autant qu'elle fasse des allers-retours entre les mains d'autres conducteurs. Et qui sait, peut-être qu'un jour il se vantera non plus de sa conduite, mais de la rentabilité de sa voiture. "Eh, ma voiture a payé nos vacances cette année !" Imaginez la fierté dans ses yeux (et dans les vôtres aussi, bien sûr).
Et pour celles qui s'inquiètent du fait qu'il devienne *trop* possessif avec son nouveau petit business de location de voiture, rassurez-vous. Si jamais vous le voyez passer plus de temps à vérifier son application OuiCar qu'à discuter avec vous, il suffira de lui rappeler gentiment que *vous* êtes toujours là, et que votre présence ne nécessite ni assurance ni stationnement.

3.3 : Proposer des services de livraison avec lui

Ah, votre cher mari. Il pense peut-être que son rôle de "chauffeur attitré" se limite à vous déposer au supermarché ou à récupérer les enfants à l'école, mais en réalité, vous venez de trouver une toute nouvelle vocation pour lui... livreur professionnel ! Eh oui, pourquoi ne pas transformer ses trajets routiniers en opportunités lucratives en le lançant dans le monde des services de livraison locale ? Parce qu'après tout, autant que ce volant qu'il adore tenir serve à quelque chose, non ?

Commençons par l'essentiel : la livraison de repas. Aujourd'hui, les plateformes comme Uber Eats, Doordash ou Postmates sont en plein essor, et il suffit d'un smartphone et d'un véhicule pour se lancer. Vous pouvez facilement l'imaginer, le sourire aux lèvres (ou en tout cas, un sourire forcé), parcourant les rues du quartier pour amener des pizzas, des burgers ou des sushis à des clients affamés. Si vous lui présentez cela comme une "mission spéciale", peut-être même qu'il s'y prêtera avec enthousiasme. Après tout, qui refuserait une mission quand elle implique de sauver quelqu'un de la faim ?

Mais attention, vous connaissez bien votre mari, et avant de lui proposer l'idée, il faudra le rassurer sur un point crucial : "Non, chéri, tu ne vas pas livrer des pizzas à 3 heures du matin sous la pluie." Il s'agit surtout de faire ça à temps partiel, aux heures qui conviennent. Les créneaux de livraison sont flexibles, et il pourra tranquillement choisir quand il veut s'y mettre (entre deux épisodes de sa série préférée, bien sûr). Le week-end ou pendant ses temps libres, il peut ainsi ajouter quelques livraisons à son emploi du temps, et vous, quelques dollars de plus à votre compte en banque.

Et si votre homme est du genre à rechigner devant l'idée de livrer des repas, il y a une autre option tout aussi séduisante : la livraison de courses. Avec des services comme Instacart ou Shipt, il ne s'agit plus de livrer des hamburgers à des ados affamés, mais des paniers de courses bien remplis à des familles occupées ou des seniors qui ne peuvent pas se déplacer. Imaginez-le, tel un véritable héros des supermarchés, parcourant les rayons avec une liste de courses à la main, calculant minutieusement quel lait d'amande est le bon (spoiler : il ne le saura jamais, mais c'est là que vous intervenez).

Si vous avez envie de le motiver, vous pouvez toujours jouer sur son ego de pilote. "Chéri, tu conduis tellement bien que tu pourrais faire partie d'une équipe de livraison ultra-rapide." Il se pourrait même qu'il prenne le défi très au sérieux et se mette à chronométrer ses trajets pour voir à quelle vitesse il peut livrer cette boîte de donuts. Qui sait, il pourrait devenir le "livreur le plus rapide de la ville", du moins dans son imagination.

Et si vraiment, il est allergique à la livraison de nourriture ou de courses, pourquoi ne pas essayer les livraisons de colis ? Avec des services comme Amazon Flex, votre mari pourrait se lancer dans la livraison de colis pour le géant du e-commerce, tout en écoutant ses podcasts préférés ou en chantant à tue-tête dans la voiture. Une petite balade en voiture, quelques arrêts pour déposer des paquets, et voilà une autre façon simple et efficace de rentabiliser ses talents de conducteur.

Bien sûr, il y aura toujours des excuses. "Et si je tombe en panne d'essence ?" – mais ça, c'est un problème qu'il aura déjà réglé en louant la voiture quand elle ne sert pas, non ? "Et si je me perds ?" – GPS, chéri. On vit au XXIe siècle ! Vous l'avez déjà entendu râler en disant qu'il ne veut pas "passer sa vie sur la route", mais rappelez-lui qu'il passe déjà la moitié de ses journées dans la voiture à faire des allers-retours inutiles. Autant que ce temps soit rentable !

En fin de compte, devenir chauffeur-livreur pourrait devenir une activité plutôt amusante pour lui. Il pourrait même y prendre goût et commencer à vous raconter avec fierté ses "aventures" sur la route, comme cette fois où il a dû livrer une soupe thaïlandaise à travers la pluie battante (et oui, il en fera sûrement une épopée digne d'un film d'action). Vous pourriez même en faire une activité de couple : il conduit, vous gérez l'application et le trajet. Un vrai duo de choc ! Et qui sait ? Peut-être que grâce à lui, votre quartier deviendra le mieux livré de la région, et vous, la reine du timing parfait pour les livraisons.

Chapitre 4 : Mon mari, l'investisseur malgré lui

L' 'investissement… ! Ce mot qui peut faire briller les yeux de certains ou donner des sueurs froides à d'autres. Et votre mari, dans tout ça ? Peut-être qu'il ne s'est jamais vraiment vu en Warren Buffett ou en magnat de l'immobilier, mais c'est là que vous entrez en scène. Parce que derrière chaque grand investisseur, il y a souvent quelqu'un qui a dit : « Chéri, et si on faisait fructifier tout ça ? »

L'idée, c'est simple : transformer ce cher et tendre, qui dépense sûrement plus de temps à choisir une nouvelle tondeuse à gazon qu'à réfléchir à la gestion de ses finances, en un investisseur éclairé. Pas besoin qu'il ait fait Harvard Business School pour ça (même si, selon lui, ses années à regarder CNBC comptent comme un diplôme). Non, il s'agit juste d'orienter son énergie et ses ressources vers des opportunités intelligentes qui, avec un peu de chance (et beaucoup de votre sens de l'organisation), peuvent rapporter gros.

Imaginez la scène. Vous êtes confortablement installée sur le canapé, un verre de vin à la main, tandis que lui est absorbé par une émission de télé-réalité où des gens rénovent des maisons à moitié en ruines. Vous le regardez du coin de l'œil et soudain, l'éclair de génie frappe : "Et si c'était nous ?" Oui, "nous", ou plutôt "lui", car bien sûr, il ne s'en doute pas encore, mais il va devenir l'investisseur le plus actif de votre couple.

Mais attention, pas de précipitation. On connaît nos hommes, ils aiment croire que chaque idée d'investissement vient d'eux. Il va donc falloir la jouer fine, comme cette fois où vous l'avez subtilement convaincu de repeindre la chambre en bleu sous prétexte que c'était "tendance". Pareil pour l'investissement : il va falloir habilement le convaincre que c'est lui qui a eu l'idée de se lancer dans l'immobilier, la bourse ou même la crypto (qu'il ne comprend pas vraiment, mais bon, il fera semblant).

L'avantage, c'est que peu importe son profil, il y a un domaine dans lequel il pourra se lancer. Peut-être qu'il aime déjà se plonger dans des vidéos de rénovation ou qu'il suit de près les cours du bitcoin (même s'il n'a jamais réellement investi). Peu importe. Vous savez qu'avec un peu de motivation, il peut devenir le propriétaire d'un immeuble à rénover, ou l'actionnaire majoritaire de votre portefeuille d'investissements familiaux.

Et puis, soyons honnêtes, rien ne vaut un peu de pragmatisme déguisé en flatterie. « Chéri, tu es tellement doué pour repérer les bonnes affaires. Et si on achetait cet appartement ? » ; « Mon cœur, avec ta logique, tu pourrais gérer des cryptos les yeux fermés. » – Voilà comment transformer ses petites habitudes en grandes opportunités d'investissement.

Et même s'il n'est pas immédiatement convaincu, rappelez-lui gentiment cette fois où il vous a persuadée d'acheter ce gadget coûteux, mais totalement inutile. Aujourd'hui, c'est vous qui menez le jeu. Alors, que ce soit dans la brique, la bourse ou même dans une nouvelle start-up, votre mari s'apprête à devenir un investisseur malgré lui… et peut-être même, qui sait, y prendre goût.

4.1 : Le convaincre d'investir dans l'immobilier

L'immobilier... ce mot a un petit quelque chose de sérieux, de solide, qui rassure. C'est tangible, c'est du concret. Mais si l'idée d'investir dans un bien immobilier peut vous sembler excitante, pour votre mari, cela peut aussi bien ressembler à l'épreuve ultime. Après tout, il a déjà du mal à se décider entre deux types de barbecues pour le jardin, alors comment pourrait-il choisir un appartement à rénover ? Et c'est là que vous entrez en scène, avec toute la subtilité et l'ingéniosité que vous savez déployer dans ce genre de situation.
Parce que l'immobilier, ça ne se vend pas à coup d'arguments rationnels. Non, il faut jouer sur la corde sensible. Il ne s'agit pas seulement d'acheter un bout de terrain ou un appartement. Non, c'est la maison de ses rêves que vous êtes sur le point de découvrir. Peut-être que dans quelques années, il sera assis sur une plage, un cocktail à la main, à vivre de ses loyers. Ou mieux encore, c'est le QG familial qu'il pourra léguer aux générations futures. Voilà, vous avez planté la graine, et avec un peu de chance, elle commencera à germer dans son esprit.
Évidemment, tout cela ne se fera pas du jour au lendemain. Votre mari n'est pas du genre à se précipiter (sauf pour les soldes d'outils ou les matchs de son équipe préférée). Alors, il va falloir y aller progressivement. Commencez par une petite visite de biens immobiliers. Pas besoin de lui dire que vous avez déjà repéré quelques appartements qui seraient parfaits pour une rénovation, transformables en petites perles locatives. Non, il s'agit juste d'une balade, un petit tour « pour voir ». Vous savez très bien que l'adrénaline de voir des projets concrets, avec des murs qu'il pourrait abattre ou des salles de bains à moderniser, pourrait lui donner des idées.
Et si l'enthousiasme ne suffit pas, pourquoi ne pas jouer la carte du pragmatisme financier ? Faites-lui miroiter les chiffres. Rien de tel que des exemples concrets pour éveiller son intérêt : « Regarde chéri, cet appartement à deux chambres dans ce quartier en plein essor. Une fois rénové, il pourrait être loué pour un revenu régulier, quasiment sans effort de notre part ! ». Peut-être qu'il n'a jamais vu

les choses de cette façon, mais quand vous lui expliquez que l'immobilier est un investissement sûr, qui prend de la valeur avec le temps, cela pourrait lui parler. N'oubliez pas de mentionner que beaucoup de gens financent leur retraite de cette manière. Vous savez qu'il aime l'idée de pouvoir se reposer sur quelque chose de tangible et de prévisible.

Si vraiment il a besoin d'un coup de pouce supplémentaire, pourquoi ne pas le laisser prendre les commandes du côté travaux ? L'idée de gérer une petite rénovation, avec sa boîte à outils flambant neuve et son compte Pinterest rempli de « projets de bricolage », pourrait bien le séduire.

Sans qu'il s'en rende compte, il est déjà en train de planifier l'agencement des meubles, de négocier avec des artisans ou de discuter du type de parquet à poser. Vous l'avez presque, votre futur magnat de l'immobilier !

Et puis, pour finir de le convaincre, il y a toujours la carte de la liberté : « Imagine, mon amour, une fois que ce bien sera loué, nous aurons un revenu passif. Peut-être même que nous pourrons partir plus souvent en vacances, sans nous soucier de rien ! » Rien de tel que la perspective de siroter des margaritas sur une plage tout en recevant un virement automatique chaque mois pour faire battre son cœur un peu plus vite.

En somme, l'immobilier, c'est un terrain sur lequel il peut se sentir à la fois en contrôle (qui ne rêve pas d'être le patron d'un projet de rénovation ?) et en sécurité financière. Et avec votre soutien, vos encouragements subtils (et un peu de flatterie bien dosée), vous pourriez bien le voir devenir un investisseur immobilier de premier ordre. Un peu malgré lui, certes, mais qu'importe : tant qu'il y a des loyers qui tombent à la fin du mois, il finira par admettre que c'était une brillante idée… surtout si elle vient de vous.

4.2 : Mon mari, roi de la finance

L'idée d'investir en bourse ou dans les cryptomonnaies peut sembler excitante et effrayante à la fois. Mais si votre mari a toujours eu un petit côté geek ou si ses yeux brillent à chaque fois qu'il entend parler de Wall Street, il est peut-être temps de le pousser à devenir le nouveau roi de la finance... à son échelle. Imaginez-le, en peignoir devant son ordinateur, des graphiques boursiers à l'écran, des termes comme « dividendes » et « portefeuille d'actions » sortant de sa bouche avec une assurance nouvelle. Ne vous inquiétez pas, ça peut arriver, avec un peu de persuasion bien placée.

Tout commence par une petite initiation. Peut-être qu'il est déjà fan de séries comme *Billions* ou *Succession* et qu'il rêve secrètement de se lancer dans le monde impitoyable des finances. Il suffit de réveiller cette flamme. « Chéri, tu te souviens de cette série sur les traders ? Si on essayait nous aussi de faire fructifier notre argent ? ». Bien sûr, on parle ici d'un démarrage doux. Pas question de vendre la maison pour acheter des actions Tesla. Non, on commence par une petite somme, juste pour voir.

La bourse peut être un terrain de jeu fascinant pour ceux qui aiment suivre l'actualité économique, analyser des tendances ou simplement parier sur une entreprise dont ils sont fans. Si votre mari a une passion pour une marque de voitures électriques ou de gadgets, pourquoi ne pas lui proposer d'acheter quelques actions juste pour goûter à l'adrénaline des marchés ?

Après tout, investir en bourse aujourd'hui est plus simple que jamais. Des plateformes comme Robinhood ou eToro permettent à tout un chacun de s'improviser trader depuis le confort du canapé. Et avec quelques bons podcasts financiers à écouter pendant ses séances de gym, il pourrait bien devenir un expert en la matière. Quant aux cryptomonnaies, n'en parlons pas ! C'est le Far West moderne. Peut-être que votre mari s'est déjà renseigné sur le Bitcoin, ou peut-être qu'il pense que c'est une arnaque. Dans les deux cas, il y a là une opportunité d'apprentissage (et de gains potentiels). Vous pourriez lui montrer quelques succès stories – ou même quelques vidéos YouTube où des gens parlent de leurs fortunes faites grâce à la crypto. Bien sûr, on garde les pieds sur terre : la cryptomonnaie, c'est risqué, mais avec un peu de prudence (et beaucoup de surveillance), ça peut aussi être un moyen de diversifier les investissements.

Imaginez-le, à 23h, devant son écran, en train de surveiller les fluctuations du Bitcoin ou de l'Ethereum, complètement absorbé. « Chérie, j'ai fait un bénéfice de 50 dollars aujourd'hui ! » Il sera fier, et vous aussi. Après tout, c'est un revenu de plus, même si pour l'instant, c'est juste assez pour payer une soirée pizza.

Pour les plus prudents (ou ceux qui n'ont pas envie de passer des heures à regarder des graphiques), il y a aussi des solutions d'investissement plus traditionnelles et sécurisées : des ETF, ces fonds qui regroupent plusieurs actions pour réduire les risques, ou des obligations. Des options parfaites pour diversifier ses investissements sans perdre la tête. Votre mari pourrait se sentir rassuré en sachant que son argent travaille pour lui sans qu'il n'ait à surveiller constamment les fluctuations du marché.
En résumé, transformer votre mari en roi de la finance, c'est possible, même s'il n'en a pas encore conscience. Avec un peu de persuasion (et peut-être un petit concours entre amis pour voir qui gagne le plus en bourse sur un mois), il pourrait bien devenir accro à l'investissement. Et qui sait ? Peut-être que dans quelques années, il sera l'homme sage qui parle de « portefeuille diversifié » et de « dividendes », tout en sirotant son café du matin avec un sourire satisfait.
Et vous, vous aurez le mérite de l'avoir guidé vers cette brillante idée… tout en profitant des bénéfices pour faire ce fameux voyage que vous rêvez de faire ensemble.

4.3 : Lancer un business en son nom

4.3.1 : Identifier son "talent caché"

Avant de lancer votre mari dans le grand bain entrepreneurial, il va falloir identifier ce qu'il sait vraiment faire. Mais attention, je parle de ce qu'il sait réellement faire, et non de ce qu'il pense savoir faire. Si votre mari a tendance à s'autoproclamer « expert en barbecue » juste parce qu'il a réussi une fois à ne pas brûler les saucisses, prudence.
Prenons un instant pour réfléchir à ses véritables talents, ces petites choses qu'il fait bien, parfois sans même s'en rendre compte. Peut-être est-il habile de ses mains ? Dans ce cas, on peut envisager des créations artisanales, des meubles ou des objets déco qu'il pourrait vendre en ligne. Ou bien il a un don pour raconter des histoires –

que ce soit des blagues (même douteuses) ou des anecdotes. Qui sait, il pourrait même devenir le prochain grand podcasteur !
Mais si vous avez des doutes, testez-le ! Dites-lui qu'il a 30 minutes pour réparer cette vieille étagère qui menace de s'effondrer ou pour préparer un dîner gourmet avec ce qu'il reste dans le frigo. Si le résultat n'est pas catastrophique, vous tenez peut-être votre prochain business !

4.3.2 : Le e-commerce à portée de clic

Une fois son talent déniché (ou du moins une version acceptable de celui-ci), pourquoi ne pas lui proposer de vendre ses créations ou services en ligne ? C'est plus facile que jamais avec des plateformes comme **Shopify**, **Etsy**, ou même **eBay**. Vous pouvez l'aider à créer une petite boutique en ligne, ou carrément faire le travail vous-même et lui dire : « Chéri, regarde ce que j'ai fait pour toi ! ».
Là, plusieurs options s'offrent à vous selon ses compétences. Il bricole ? Super, des gens adorent acheter du « fait-main » ! Il fait des sauces piquantes maison ? Génial, ça se vend comme des petits pains. Pour éviter les sueurs froides au début, commencez avec un stock limité, juste pour voir si son talent trouve preneur. Vous pourrez ensuite l'encourager à élargir son offre.
Pour le côté pratique : assurez-vous de bien choisir une niche. Par exemple, s'il fabrique des tables basses en bois, jouez sur l'authenticité, le côté rustique, et bien sûr, sur son charme de bricoleur à la maison. Une bonne présentation, des photos sympas (où il sourit fièrement devant ses créations), et voilà votre e-shop prêt à recevoir ses premiers clients !

4.3.3 : Proposer des services en ligne

Si votre mari préfère les activités intellectuelles ou techniques, le marché des services en ligne est une mine d'or. Le voici donc prêt à devenir consultant, coach ou même freelance dans son domaine de

prédilection. Des plateformes comme **Fiverr** ou **Upwork** sont parfaites pour débuter. Que ce soit pour du développement web, de la rédaction ou des services de marketing, il pourra trouver ses premiers clients rapidement.
L'avantage, c'est qu'il peut démarrer à petite échelle et décider de ses horaires (enfin, vous déciderez pour lui, mais il n'a pas besoin de le savoir). De plus, il n'aura même pas besoin de quitter la maison ! Imaginez-le, dans le confort de son salon, à conseiller des entreprises tout en buvant son café, persuadé qu'il est devenu un gourou de la finance. Certes, vous aurez peut-être à le coacher au début, mais avec un peu de chance, il prendra vite goût à son nouveau statut de consultant (et aux bénéfices qui en découlent).

4.3.4 : Devenir le "chef" grâce à un food truck ou une petite entreprise locale

Si votre mari aime la cuisine (et qu'il ne fait pas trop de dégâts dans la cuisine), pourquoi ne pas envisager un food truck ou une petite entreprise alimentaire locale ? On sait que la scène culinaire locale est en pleine expansion, et si ses talents culinaires sont suffisants pour impressionner les voisins, il pourrait bien faire un malheur sur les marchés ou dans des festivals de rue.
L'idée du food truck, c'est la mobilité. Pas besoin d'un grand restaurant, juste une belle camionnette aménagée (et si vous en trouvez une d'occasion, c'est encore mieux !). Il pourra y vendre ses burgers maison, ses tacos gourmets ou même ses crêpes (car tout le monde aime les crêpes, non ?). Bon, évidemment, il faudra gérer les aspects logistiques : les permis de vente, l'approvisionnement et l'hygiène. Mais avec votre sens de l'organisation et son enthousiasme débordant (surtout quand il reçoit les premiers compliments), vous pourriez bien créer une belle petite entreprise.

4.3.5 : La gestion (discrète) du business : laissez-le croire que c'est lui le patron

Soyons honnêtes, même si l'idée est de lancer le business en son nom, on sait très bien que vous serez aux commandes en coulisses. Il y a les aspects administratifs, la comptabilité, le marketing... Vous ne pouvez pas tout lui laisser, sinon ce sera le chaos. Mais il n'a pas besoin de tout savoir !
Laissez-le croire qu'il est le grand patron et qu'il prend les décisions. « Oui chéri, je pense que ton idée d'ajouter de la sauce pimentée dans les croissants est géniale, mais si on testait d'abord la version classique, juste pour voir ? ». Pendant ce temps, vous serez celle qui gérera les commandes, négociera les contrats et développera la stratégie marketing.
L'idée, c'est de le faire se sentir valorisé dans son rôle d'entrepreneur tout en assurant la survie de l'entreprise grâce à votre gestion impeccable. Une technique éprouvée dans de nombreux couples, croyez-moi.

4.3.6 : Gérer les hauts et les bas : patience, persévérance et fous rires

Lancer une entreprise, même en utilisant le potentiel inexploité de votre mari, est une aventure pleine de rebondissements. En effet, comme dans un film comique, on peut s'attendre à des hauts exaltants, mais aussi à des bas parfois désastreux. Voici quelques conseils, astuces et exemples pour naviguer dans cette mer d'incertitudes avec humour et élégance.

Comprendre que l'échec fait partie du processus

Premièrement, il est essentiel d'expliquer à votre mari que l'échec n'est pas un terme à craindre, mais un état normal dans le parcours entrepreneurial. Chaque grand entrepreneur a une liste d'échecs qui rivalise avec ses succès. Prenez l'exemple de Walt Disney : avant de bâtir son empire, il a été licencié d'un journal parce qu'on disait qu'il manquait d'imagination. Aujourd'hui, c'est difficile de le croire, n'est-ce pas ? Si ça ne lui est pas arrivé, pourquoi pas à votre mari ?

Ainsi, lorsque votre mari se retrouve face à un obstacle, par exemple, une campagne de marketing qui ne fonctionne pas comme prévu, rappelez-lui que chaque échec est une leçon. Offrez-lui un espace pour partager ses frustrations et, surtout, faites-le avec un brin d'humour. Vous pourriez même organiser une « soirée des échecs » où vous discutez des gaffes comiques qu'il a commises dans sa quête d'entrepreneur.

Les moments de découragement : votre soutien inconditionnel

Il y aura des moments où il voudra tout abandonner. Peut-être que son produit phare ne se vend pas aussi bien qu'il l'espérait, ou peut-être que son projet de food truck a dû être annulé à cause de la pluie. Dans ces moments, soyez là pour lui rappeler pourquoi il a décidé de se lancer dans cette aventure.
Encouragez-le à parler de ses motivations initiales : « Chéri, tu voulais vraiment partager ta passion pour la cuisine avec le monde ! N'oublie pas cette fois où tu as préparé ce plat qui a fait pleurer de joie tous nos amis. » Cela peut raviver son enthousiasme et lui rappeler le plaisir qu'il a à à créer.

Astuces pour surmonter les obstacles

1. **Créez un tableau de vision** : Si le moral est bas, pourquoi ne pas créer ensemble un tableau de vision des objectifs à court et long terme ? Utilisez des images, des citations inspirantes, et même des photos de moments joyeux de votre parcours entrepreneurial. Cela peut donner un regain d'énergie et de motivation.
2. **Fixez des objectifs réalistes** : Établissez des petits objectifs hebdomadaires ou mensuels, comme obtenir cinq nouveaux abonnés pour sa chaîne YouTube ou vendre dix produits. Cela rendra le chemin vers le succès moins écrasant et plus atteignable.

3. **Célébrez chaque victoire** : Qu'il s'agisse de vendre un premier produit ou d'obtenir un avis positif, célébrez ces moments ! Faites-en une petite fête, même si c'est juste autour d'un bon repas. Cela crée un environnement positif et motive votre mari à continuer d'avancer.
4. **Encouragez les feedbacks** : Apprenez-lui à demander des retours de ses clients, car cela peut offrir une nouvelle perspective et des idées d'amélioration. Il pourrait découvrir que ce qu'il considère comme un échec est, en fait, une occasion d'améliorer ses produits ou services.
5. **Reposez-vous, mais ne vous arrêtez pas** : Le travail entrepreneurial peut être épuisant. Rappelez-lui qu'il est tout à fait normal de faire des pauses pour éviter le burn-out. Parfois, une petite escapade ou une soirée tranquille à deux peut revitaliser ses idées et sa motivation.

Les anecdotes : rire pour avancer

Rien n'est plus encourageant que de rire des mésaventures passées. Par exemple, si votre mari a fait un mauvais choix de produit en pensant que tout le monde voudrait acheter des porte-clés en forme de patate (on ne sait jamais, ça pourrait marcher !), partagez cette anecdote avec humour. En racontant vos petites aventures à vos amis ou votre famille, cela peut alléger l'atmosphère. Transformez ce moment en blague entre vous et essayez d'imaginer comment il pourrait faire mieux la prochaine fois.

Les regroupements d'entrepreneurs : s'entraider

Encouragez-le à rejoindre des groupes d'entrepreneurs dans votre région ou en ligne. La communauté est un excellent moyen de se sentir soutenu et d'apprendre des autres. Cela peut aussi être une bonne source d'inspiration. Vous pourriez même organiser un petit dîner avec d'autres couples où chacun partage ses défis et ses réussites. Un bon repas et des échanges d'expériences peuvent apporter une dose de motivation.

La patience, la clé du succès

Enfin, la patience est le mot d'ordre. Les résultats ne viendront pas du jour au lendemain. Rappelez-vous que même les grandes entreprises ont mis des années à atteindre leur stade actuel. Gardez cela à l'esprit, même si les premiers mois sont marqués par des petites déceptions. Chaque pas en avant compte, même les plus petits.
En conclusion, gérer les hauts et les bas du parcours entrepreneurial de votre mari nécessite une approche bienveillante, remplie d'humour et de soutien. Avec un peu de patience et beaucoup de rires, vous naviguerez ensemble à travers les tempêtes et, qui sait, vous pourriez même un jour vous retrouver à la tête d'un empire florissant. Mais pour l'instant, profitez de chaque moment, des succès comme des échecs, car c'est dans cette aventure que réside la véritable richesse.

Chapitre 5 : Gagner de l'argent en utilisant ses hobbies

L es hobbies de nos maris, parlons en … ! Ces activités qui, pour eux, sont souvent une échappatoire au stress quotidien, peuvent aussi se transformer en petites mines d'or, si l'on sait les exploiter. Vous savez, ce moment où il s'installe avec une bière devant la télé, manette en main, ou quand il se lance dans un projet de bricolage en se vantant de ses talents ? Oui, tout cela peut devenir bien plus qu'un simple passe-temps. Laissez-moi vous emmener dans ce voyage où le plaisir rime avec profits !

Prenons un instant pour imaginer toutes les compétences insoupçonnées que votre mari pourrait partager avec le monde. Peut-être est-il le roi du barbecue, capable de transformer un simple morceau de viande en chef-d'œuvre culinaire, ou peut-être a-t-il un talent caché pour l'artisanat, créant des objets uniques qui pourraient embellir les maisons des autres. Chaque moment de loisir peut se révéler être une opportunité en or, à condition de lui donner un petit coup de pouce.

Visualisez cette scène : il se lève le matin, l'air distrait, en enfilant son vieux t-shirt. Alors que vous lui parlez de sa passion pour la cuisine, son regard s'illumine. « Pourquoi ne pas créer un blog de recettes ? » lui proposez-vous. La discussion décolle et, peu à peu, l'idée que ses talents pourraient intéresser d'autres personnes commence à germer dans son esprit. Qui sait ? Ses amis seraient ravis d'apprendre à préparer ses plats préférés, et vous pourriez même accueillir des soirées gastronomiques à la maison.

Et n'oublions pas ces soirées où il se lance dans des parties de jeux vidéo avec des amis, les rires fusent, et l'ambiance est à son comble. Pourquoi ne pas immortaliser ces moments en les partageant sur les réseaux sociaux ? Avec quelques astuces et une bonne dose de bonne humeur, il pourrait facilement se créer une communauté de fans qui apprécient son humour et sa manière unique de jouer.

Chaque hobby représente une porte d'entrée vers de nouvelles aventures, à la fois personnelles et financières. Et en les rendant accessibles, vous démontrez à votre mari qu'il peut faire de ses passions quelque chose de plus que de simples distractions. En encourageant sa créativité et en lui montrant le chemin, vous l'aidez à se réaliser en tant qu'individu tout en boostant votre compte commun.

En résumé, ce chapitre ne va pas seulement explorer comment gagner de l'argent grâce à ses hobbies, mais il s'agit aussi de redécouvrir votre mari sous un nouvel angle, celui de l'entrepreneur amateur, prêt à se lancer dans l'aventure. Préparez-vous à l'accompagner dans cette quête passionnante où chaque moment de détente peut se transformer en profit, le tout, sans stress ni pression. Après tout, le but est de s'amuser, de partager, et qui sait, peut-être de créer quelque chose d'extraordinaire ensemble !

5.1 : Mon mari, l'artiste caché

L' 'art ! Peut-être que, sous ses airs de mari ordinaire, se cache un véritable artiste en herbe. Vous l'avez probablement vu un jour, dans un moment d'inspiration, dessiner machinalement sur un coin de papier ou sculpter une pièce en bois dans le garage, avec un sourire à peine dissimulé de satisfaction. Si votre mari a ce genre de talents, pourquoi ne pas en tirer profit ?
Imaginez la scène : il passe des heures à peaufiner un tableau ou à assembler des meubles faits main. Vous l'observez, un peu perplexe, en vous demandant combien de ces œuvres d'art vont finir dans le grenier. Mais voilà, et si vous pouviez transformer cette passion créative en source de revenus ? Parce que, soyons honnêtes, ce n'est pas seulement de l'art, c'est du potentiel pur ! Après tout, les gens raffolent des pièces uniques et personnalisées, surtout lorsqu'elles sont fabriquées avec amour (et beaucoup de patience).
Commençons par les basiques : vendre ses créations en ligne. Avec des plateformes comme Etsy, votre mari pourrait exposer ses œuvres au grand jour. Que ce soit des peintures colorées, des sculptures modernes ou même des meubles artisanaux qu'il a bricolés entre deux matchs de football, tout peut trouver preneur. Ces objets ont une histoire, et c'est précisément ce qui attire les acheteurs. Les clients cherchent des pièces authentiques, avec une âme, et quoi de mieux que de pouvoir dire : "Ce meuble ? Oh, c'est une pièce unique faite par mon mari !"
N'oublions pas non plus les réseaux sociaux. Vous pouvez créer un compte Instagram dédié à son art, où vous publiez des photos en cours de création, des anecdotes sur le processus et même des petites vidéos où il explique comment il trouve l'inspiration (bon, même si cette "inspiration" ressemble à une pause après avoir vidé la tondeuse). Avec un bon hashtag comme #ArtisanDuDimanche, il pourrait attirer une communauté de passionnés d'art et de curieux.
Et si vous voulez aller plus loin, pourquoi ne pas organiser des stands lors de marchés locaux ou des événements artisanaux ? Ces marchés sont souvent fréquentés par des personnes en quête de pièces originales pour décorer leur maison ou pour offrir des cadeaux. Imaginez-vous, assise derrière un stand rempli de

magnifiques créations faites main, accueillant des visiteurs impressionnés. Votre mari pourrait même se lancer dans des commandes personnalisées. Qui n'a jamais rêvé d'un meuble unique, fabriqué sur mesure ? Chaque pièce, créée avec soin et passion, peut être vendue à un prix bien plus élevé que vous ne le pensez.
Pour les plus ambitieux, envisagez de le lancer dans des concours ou des expositions d'art. Il existe toujours des opportunités de montrer ses talents lors d'événements locaux, et c'est une belle façon de se faire connaître tout en accrochant quelques rubans de "gagnant" sur le mur du salon. Et qui sait ? Peut-être que de fil en aiguille, il attirera même l'attention de galeries ou de collectionneurs.
Le grand avantage de cette démarche, c'est que tout le monde y gagne. Lui, d'abord, parce qu'il peut enfin partager sa passion avec le monde, et vous, parce que vous verrez ces créations non plus comme des objets encombrants à entasser dans le garage, mais comme de vraies opportunités financières. Vous pourriez même transformer un coin de la maison en atelier ou en showroom, où clients et curieux pourraient venir admirer (et acheter) ses œuvres. Et puis, soyons honnêtes : que ce soit une sculpture en bois qui trône fièrement dans le salon ou une peinture accrochée au mur, chaque pièce est le fruit de son travail, et il n'y a rien de plus satisfaisant que de voir son mari transformé en artiste reconnu... même s'il refuse toujours de ranger ses pinceaux après coup.
Donc, la prochaine fois qu'il se perd dans ses créations, rappelez-lui gentiment que son art ne doit pas seulement être pour ses propres yeux, mais pour le plaisir (et le portefeuille) des autres aussi !

5.2 : Exploiter ses compétences en cuisine

Votre mari est un véritable cordon-bleu à la maison ? Il adore passer des heures en cuisine, jonglant entre les casseroles et les épices, et transformant des ingrédients simples en véritables festins ? Alors pourquoi ne pas transformer cette passion pour la cuisine en une opportunité lucrative ? Si vous n'en avez pas encore discuté, il est peut-être temps d'avoir "la conversation" : celle où vous lui proposez de mettre ses talents culinaires à contribution, mais pas uniquement pour régaler la famille. Il peut aussi régaler les autres, et vous pourriez en tirer un joli profit !

L'idée est simple : capitaliser sur sa passion pour la cuisine et la transformer en une activité rentable. D'ailleurs, tout le monde cherche aujourd'hui de nouvelles expériences culinaires, surtout si elles sont faites maison. Commençons par une idée toute simple : les cours de cuisine à domicile. Il adore préparer son fameux boeuf bourguignon ou sa tarte tatin qui fait saliver tout le monde ?

Pourquoi ne pas organiser des sessions où il enseignerait ses recettes à des amateurs ? Beaucoup de gens veulent améliorer leurs compétences culinaires, et il pourrait devenir leur coach ! Vous pourriez organiser ces cours directement chez vous ou chez les participants. En plus de la convivialité, c'est un excellent moyen de partager son savoir-faire tout en étant payé pour cela.

Si l'idée de donner des cours ne l'enthousiasme pas trop (parce qu'après tout, il aime peut-être cuisiner sans pression), il y a une autre option : organiser des dîners payants à domicile. Imaginez un concept de table d'hôtes, où des petits groupes de personnes viennent dîner chez vous, dégustant un menu préparé par votre cher et tendre. Vous pouvez créer des soirées thématiques : cuisine italienne un jour, asiatique le suivant, ou encore un menu dégustation autour de produits locaux. Ce genre d'événements est de plus en plus populaire, surtout avec les plateformes comme Eatwith qui permettent de proposer ce type de service à une communauté de gourmets en quête de nouvelles expériences.

Non seulement vous rentabilisez ses talents, mais en plus, cela peut devenir un moment de partage avec vos convives, presque comme si vous aviez un petit restaurant éphémère chez vous, sans les contraintes de la gestion d'un établissement. Et si le bouche-à-oreille fonctionne bien, vous pourriez rapidement avoir une liste d'attente pour vos dîners privés.

Mais si l'idée de recevoir des inconnus chez vous ne vous tente pas trop, pas de panique ! Il existe une autre possibilité : vendre ses plats à emporter. De nos jours, les gens raffolent des plats faits maison, surtout dans une époque où tout est souvent standardisé et industriel. Votre mari pourrait cuisiner ses spécialités et les vendre à des particuliers via des plateformes comme La Belle Assiette ou encore Super Marmite, qui permettent aux chefs amateurs de vendre leurs plats directement à leurs voisins. Cela peut aller du

simple dîner à des menus complets pour des occasions spéciales, comme des anniversaires ou des soirées d'entreprise.
Imaginez la scène : vous avez des commandes pour sa célèbre paella ou son gâteau au chocolat décadent, et les gens font la queue pour acheter ses créations culinaires. Petit à petit, sa réputation se construit, et bientôt, on parle de "ce chef à domicile" qui propose des plats dignes d'un restaurant, mais avec la touche unique de la maison. Cela pourrait même lui ouvrir des portes pour des événements plus grands : traiteur pour des fêtes privées, des mariages ou des réceptions d'entreprises.
Qui aurait cru que cette passion pour la cuisine, née un dimanche pluvieux où il s'est lancé dans une recette improvisée, pourrait un jour devenir une entreprise florissante ?
Et si tout cela semble trop ambitieux pour commencer, il peut y aller doucement en lançant des petits événements privés pour tester ses plats sur un public restreint, comme des voisins ou des amis. De cette façon, il pourra ajuster ses recettes et peaufiner son menu avant de se lancer dans une activité à plus grande échelle.
Enfin, pourquoi ne pas explorer le monde de la vente de produits alimentaires maison ? S'il a un penchant pour les confitures, les sauces maison ou même les plats en bocaux, il pourrait vendre ces produits lors de marchés locaux ou sur des plateformes en ligne. De nombreux amateurs de cuisine se lancent dans ce genre d'aventure, vendant des produits artisanaux qui répondent à la demande croissante pour des produits locaux et faits main.
En résumé, exploiter les talents culinaires de votre mari ne se limite pas à faire de bons petits plats pour la famille. Avec un peu de créativité et quelques ajustements, vous pouvez facilement transformer sa passion en une source de revenus supplémentaire. Et qui sait, avec le temps, vous pourriez même découvrir qu'il a l'étoffe d'un grand chef, capable de régaler bien plus que vos proches… tout en arrondissant les fins de mois !

5.3 : Mon mari, roi du gaming

L e gaming… Cette passion que beaucoup de nos maris chérissent, peut-être un peu trop parfois. Ils passent des heures devant leur écran, manette ou souris à la main, à conquérir des mondes virtuels, à sauver des royaumes imaginaires ou à battre des adversaires qu'ils ne rencontreront jamais en vrai. Et vous, pendant ce temps-là, vous vous demandez peut-être : « Mais est-ce que ça pourrait rapporter quelque chose, tout ça ? » Spoiler alert : oui, absolument.

Votre mari, avec son talent de gamer, pourrait bien devenir une petite star du web – ou au moins en tirer quelques revenus sympathiques. Et il n'a même pas besoin d'être le meilleur joueur de la planète pour cela. Aujourd'hui, avec des plateformes comme **Twitch** ou **YouTube Gaming**, il suffit d'une personnalité attachante, d'un peu de régularité et de la bonne approche pour commencer à gagner de l'argent en jouant. Vous le regardez peut-être déjà en soupirant, mais si vous y ajoutez une petite touche de stratégie, ses soirées à jouer à **Fortnite** ou **Call of Duty** pourraient financer vos prochaines vacances à la plage.

Imaginez la scène : votre mari, casque sur la tête, en pleine discussion avec ses abonnés en direct, partageant ses astuces pour gagner la prochaine partie ou simplement plaisantant avec ses amis de jeu. Pendant ce temps, des donations de spectateurs arrivent via **Twitch**, des abonnements payants tombent, et pourquoi pas, une petite pub YouTube se glisse entre deux rediffusions de ses exploits vidéoludiques. Et là, vous réalisez que oui, ce hobby un peu envahissant peut aussi devenir une source de revenus.

Le premier pas : devenir streamer

Tout commence par là. Il faut inscrire votre mari sur une plateforme de streaming comme **Twitch** ou **YouTube Gaming**. Si le côté technique vous effraie, pas de panique, la mise en place est plus simple qu'il n'y paraît. Quelques réglages, une webcam pas trop mal et une bonne connexion internet suffisent pour commencer. Quant au décor, un joli fond derrière lui (ou même juste une étagère bien rangée) fera l'affaire. Vous pourrez aussi l'aider à choisir un pseudo accrocheur, parce que "BobfromNewYork" n'attirera peut-être pas des foules. Quelque chose de fun, de mémorable, voilà ce qu'il faut.

Ensuite, il n'y a plus qu'à jouer ! Mais jouer avec une touche de personnalité. Ce qui fonctionne le mieux, ce sont les gamers qui ne se prennent pas trop au sérieux. Ceux qui commentent avec humour, qui échangent avec leurs spectateurs en live et qui créent une ambiance conviviale. Peu importe le jeu, ce qui compte, c'est l'authenticité et le plaisir que les gens prennent à suivre leurs aventures en direct.

Attirer des abonnés et des donations

Une fois en ligne, votre mari devra attirer une audience. Et là, c'est un peu comme bâtir une communauté autour d'un projet. Il faut être régulier, se connecter souvent et donner aux gens l'envie de revenir. Le bonus ? Si vos enfants ou ses amis s'y mettent, ils peuvent aider à relayer ses streams, et rapidement, une petite communauté de fans peut se former.

Plus il y a d'abonnés, plus les "bits" (les petites donations sur Twitch) commencent à pleuvoir. Et n'oublions pas que, sur YouTube, les vues sont monétisables à partir d'un certain seuil grâce à la publicité. Si une vidéo atteint le statut viral, même à petite échelle, cela peut devenir très rentable !

Les sponsors et partenariats

Quand la chaîne commence à prendre de l'ampleur, pourquoi ne pas viser plus haut avec des sponsors ? Des marques de gaming, de boissons énergétiques, voire de matériel informatique sont souvent à la recherche de partenariats. L'idée, c'est de promouvoir leurs produits pendant ses streams, en échange de quelques revenus supplémentaires ou même de produits gratuits. Il peut recevoir du matériel de jeu dernier cri ou des produits à tester en direct, et tout cela pourrait bien faire grimper encore son audience.

Participer à des compétitions de gaming

Si votre mari est un véritable as du gaming et qu'il passe des heures à maîtriser un jeu en particulier, il peut même envisager de participer à des tournois en ligne. Que ce soit des compétitions amateurs ou semi-professionnelles, il existe des milliers d'événements où des récompenses financières sont à la clé. Certains tournois offrent de petits prix, mais d'autres peuvent offrir des gains significatifs. Imaginez un week-end à jouer à un jeu qu'il adore et en ressortir avec quelques centaines de dollars. Pas mal, non ?

Créer du contenu supplémentaire et vendre des produits dérivés

Une fois qu'il a fidélisé une audience, pourquoi ne pas aller encore plus loin ? En plus des streams, il peut enregistrer des vidéos tutoriels sur YouTube, proposer des astuces pour progresser dans les jeux les plus populaires ou même vendre des guides pour les débutants. Les fans adorent acheter des goodies à l'effigie de leurs streamers préférés : T-shirts, casquettes, stickers, tout est envisageable. Il existe des plateformes comme Teespring ou Redbubble qui permettent de créer facilement des produits dérivés sans avoir à gérer de stocks.
En fin de compte, transformer la passion de votre mari pour le gaming en une source de revenus est totalement faisable avec un peu d'organisation et de stratégie. Entre les streams en direct, les vidéos YouTube, les sponsors et les goodies, il y a de nombreuses opportunités à exploiter. Et si au début cela semble n'être qu'un passe-temps de plus, avec le temps, cette activité peut sérieusement s'avérer lucrative. Alors, la prochaine fois qu'il passera la soirée à jouer, vous pourrez sourire en pensant : « Allez, continue, on finance notre prochaine sortie en amoureux ! »

Chapitre 6 : Gagner de l'argent grâce à son réseau

Ce fameux tissu invisible qui relie chaque personne à une autre, souvent sous-estimé mais si puissant quand on sait en tirer profit. Alors que vous pensiez que votre mari utilisait son téléphone principalement pour envoyer des mèmes à ses amis ou organiser des sorties foot le dimanche, vous ne saviez peut-être pas qu'il possède une véritable mine d'or... entre ses contacts. Parce que oui, derrière chaque numéro enregistré dans son répertoire peut se cacher une opportunité d'affaires, une collaboration fructueuse ou même la prochaine aventure lucrative de votre foyer. C'est fou, non ?

Imaginez-vous en train de feuilleter ses réseaux sociaux, LinkedIn d'un côté, son WhatsApp de l'autre, et soudain, vous réalisez : des chefs d'entreprise, des entrepreneurs en herbe, des artisans locaux, des influenceurs en tout genre. Vous ne saviez peut-être pas que cette poignée de main rapide à la dernière soirée du travail pouvait se transformer en un projet de partenariat qui, bien négocié, pourrait générer un revenu inattendu. Parce qu'après tout, votre mari a peut-être un talent qu'il n'a jamais vraiment reconnu : il est un as du **networking** sans le savoir. Son réseau, qu'il le cultive consciemment ou non, est une véritable richesse, et aujourd'hui, nous allons parler de la meilleure manière d'en tirer parti.

Prenez un instant pour penser à ses contacts professionnels, ses copains de club de sport, ses anciens collègues. Tous ces gens ont des compétences variées, des idées, des projets en tête, et parfois, ils n'attendent qu'une petite impulsion pour se lancer. Et devinez qui peut être cette impulsion ? Eh oui, c'est vous deux ! En associant leurs talents et ressources à vos idées (et pourquoi pas votre stratégie implacable), il y a de grandes chances de transformer ces discussions anodines en réelles opportunités commerciales.

Ce qui est merveilleux avec les réseaux de relations, c'est qu'ils fonctionnent comme une toile d'araignée. Chaque personne mène à une autre, chaque contact cache d'autres connexions encore plus intéressantes. Votre mari connaît peut-être un graphiste de talent, qui lui-même a une amie qui est une as du marketing digital, qui elle-même connaît un expert en finance.

Et voilà, vous avez une équipe complète pour monter un business florissant, sans même quitter le cercle d'amis ou de connaissances de votre mari !

Mais soyons clairs : l'art du networking ne se résume pas simplement à demander des services ou à gratter des idées. C'est un véritable échange gagnant-gagnant. En étant cette personne qui sait rassembler les bonnes compétences autour d'une table, en mettant à profit les synergies entre différents talents, votre mari (et par extension vous) peut créer de la valeur. Les collaborations fleurissent, les projets prennent vie, et bientôt, vous vous retrouvez à discuter avec d'autres couples d'affaires locaux, tout ça parce que votre mari connaît "un gars qui connaît un gars".

Et puis, il y a le réseau plus intime : les amis, la famille, les voisins. Si, comme beaucoup d'entre nous, votre mari est une véritable star des apéros ou des réunions de quartier, sachez que cela peut aussi se transformer en opportunité financière. Oui, ces soirées à discuter des derniers films ou des résultats du dernier match peuvent devenir un vrai terrain fertile pour lancer des idées innovantes. Les amis sont souvent ouverts à expérimenter, à collaborer, et les événements que vous organisez ensemble peuvent rapidement devenir lucratifs. Soirées à thème, dégustations privées, tournois sportifs sponsorisés – tout est possible avec un bon groupe d'amis prêts à jouer le jeu.

Et n'oublions pas les connexions locales. Si votre mari est du genre à discuter avec tous les commerçants du quartier, à saluer les voisins et à connaître les organisateurs des événements locaux, vous avez là encore un terrain incroyable à exploiter. Le tissu communautaire est une source précieuse pour développer des projets qui ont du sens, à la fois financièrement et socialement. Une idée simple peut devenir un grand événement de quartier si elle est bien organisée, et tout cela grâce à ce petit coup de pouce de votre mari.

En résumé, que ce soit à travers ses contacts professionnels, ses amis proches ou son intégration dans la communauté locale, votre mari dispose d'un réseau qui peut devenir une véritable mine d'or. Et maintenant, il est temps d'exploiter ces relations, de transformer les discussions amicales en projets rentables et de faire fructifier ce qui, jusqu'à présent, était peut-être laissé en veilleuse. Vous allez voir : quand on sait bien s'y prendre, le pouvoir du réseau est infini – et les opportunités financières aussi.

6.1 : Gagner de l'argent grâce à ses amis

Les amis, ces êtres chers qui vous écoutent, partagent vos fous rires et sont toujours là pour un café improvisé ou une soirée Netflix. Mais saviez-vous qu'ils peuvent aussi être une source de revenus ? Oui, vous avez bien entendu ! Exploiter le réseau d'amis de votre mari peut se révéler être une excellente idée pour faire un peu d'argent. Alors, comment transformer ces liens amicaux en opportunités financières ?

L'organisation d'événements thématiques : Imaginez que votre mari propose d'organiser une soirée quiz ou un tournoi de jeux de société. Vous pourriez fixer un petit prix d'entrée pour les participants. Non seulement cela apporte une ambiance conviviale, mais cela peut aussi générer un petit bénéfice.

Si chaque ami paie, par exemple, 10 euros, et que vous êtes une dizaine, cela fait une belle somme pour des pizzas et des boissons. En prime, cela crée des souvenirs inoubliables, et qui sait, peut-être même une tradition annuelle ?

La création de groupes d'achat : Votre mari pourrait mettre en place un système de co-achat pour des produits qu'il utilise souvent, comme des outils de jardinage, des équipements sportifs, ou même des aliments en gros.

Par exemple, s'il a des amis qui partagent son intérêt pour le jardinage, pourquoi ne pas commander ensemble des semences ou des plants en gros ? Cela pourrait permettre d'économiser sur les coûts et, en même temps, de vendre des produits de jardinage à d'autres amis ou voisins. Pensez à ces jolies tomates cerises que vous pourriez cultiver ensemble et ensuite vendre lors d'un marché local.

Des services de dépannage : Si l'un des amis de votre mari a un talent particulier, pourquoi ne pas l'encourager à en faire profiter les autres ? Que ce soit en matière de jardinage, de bricolage, de informatique ou de photographie, il pourrait proposer des services payants. Par exemple, si un ami est doué en informatique, il pourrait organiser des ateliers pour aider les personnes à mieux utiliser leurs appareils, tout en demandant une petite participation. Cela permet de renforcer les liens tout en mettant à profit les compétences de chacun.

Événements sportifs ou défis collectifs : Votre mari pourrait également rassembler ses amis pour des activités sportives et proposer des défis. Par exemple, un tournoi de football, où chaque équipe paie un droit d'inscription.

Cela pourrait même être lié à une cause locale, comme une collecte de fonds pour une association caritative. De cette façon, non seulement vous ferez une bonne action, mais vous créerez également une ambiance compétitive et amusante qui peut rassembler plus de monde.

Ateliers et formations : Si certains amis de votre mari ont des compétences particulières, il pourrait les convaincre d'animer des ateliers. Par exemple, s'il a un ami pâtissier, proposez-lui d'organiser des cours de pâtisserie chez vous. Les gens adorent apprendre à cuisiner, et cela peut devenir une activité lucrative. Fixez un tarif d'entrée pour les participants et offrez des collations ou des boissons pour rendre l'expérience encore plus agréable.

En fin de compte, les opportunités de générer des revenus grâce à ses amis sont infinies. L'essentiel est de garder l'esprit ouvert, de se concentrer sur le plaisir et de tirer parti des talents et des compétences de chacun. Qui sait, vous pourriez découvrir un véritable entrepreneur en herbe parmi ces amis !
Au lieu de simplement passer du temps ensemble, vous pourriez transformer ces moments en expériences enrichissantes et lucratives. Alors, qu'attendez-vous pour exploiter tout ce potentiel ? Il est temps que ces amitiés ne soient pas seulement basées sur les rires et les souvenirs, mais aussi sur des opportunités financières !

6.2 Dans le milieu pro : Créer des événements payants

Lorsqu'il s'agit de gagner de l'argent grâce à son réseau, le milieu professionnel offre un large éventail d'opportunités. Organiser des événements peut être non seulement une façon de renforcer les liens avec ses collègues, mais aussi un excellent moyen de générer des revenus. Voici quelques idées pour tirer parti de ce réseau professionnel et transformer des interactions en projets lucratifs.
Ateliers de formation ou de développement personnel : Si votre mari travaille dans un domaine où il possède des compétences particulières, pourquoi ne pas organiser des ateliers payants ? Que ce soit en gestion du temps, en techniques de vente, ou même en développement personnel, ces sessions peuvent attirer des participants désireux d'améliorer leurs compétences. Par exemple, s'il est expert en marketing digital, il pourrait proposer un séminaire sur la création de contenu sur les réseaux sociaux. Avec une promotion adéquate dans son réseau, il pourrait attirer plusieurs collègues et amis qui paieraient pour bénéficier de son expertise.
Soirées de réseautage : Transformez une soirée tranquille entre collègues en un événement de réseautage payant. En proposant une ambiance détendue avec des boissons et des amuse-bouches, vous pourriez charger un petit prix d'entrée pour couvrir les frais. Cela permettrait aux participants de rencontrer de nouvelles personnes tout en élargissant leurs horizons professionnels. Pour

rendre l'événement encore plus attractif, envisagez d'inviter un intervenant extérieur qui pourrait partager des conseils précieux sur le développement de carrière ou l'entrepreneuriat. Un bon intervenant peut justifier le prix d'entrée et attirer encore plus de monde.

Défis ou compétitions sportives : Si votre mari fait partie d'une équipe ou d'un groupe de collègues, pourquoi ne pas organiser un défi sportif ? Que ce soit un tournoi de bowling, un match de football ou même un parcours d'obstacles, chaque participant pourrait payer un droit d'inscription. Cela peut être une excellente façon de créer un esprit d'équipe tout en s'amusant. En plus, vous pouvez envisager de reverser une partie des bénéfices à une œuvre caritative, ce qui rendrait l'événement encore plus significatif.

Ventes aux enchères ou tombolas caritatives : Utiliser les contacts professionnels pour organiser une vente aux enchères ou une tombola peut être une idée gagnante. Les employés pourraient faire don d'objets ou de services (comme des cours de cuisine ou des séances de coaching) qui seraient ensuite mis aux enchères lors d'un événement professionnel. Cela crée non seulement un environnement convivial, mais permet aussi de récolter des fonds pour une cause qui tient à cœur à l'entreprise. Votre mari pourrait aider à coordonner cet événement, en rassemblant des lots attractifs et en assurant la promotion auprès de ses collègues.

Groupes de travail ou clubs professionnels : Si votre mari est impliqué dans des groupes de travail ou des clubs professionnels, il peut envisager de créer des événements payants. Par exemple, un club de lecture pourrait organiser des discussions avec des auteurs invités, et le droit d'entrée pourrait contribuer à couvrir les frais. Cela permettrait non seulement de générer des revenus, mais aussi de renforcer les relations au sein du groupe.

En fin de compte, le milieu professionnel regorge de possibilités pour transformer des connexions en opportunités financières. En utilisant le talent, l'expertise et le réseau de votre mari, vous pouvez organiser des événements captivants qui favorisent le développement personnel et professionnel tout en permettant de gagner de l'argent. Qui aurait cru que ces relations de travail pourraient déboucher sur des projets aussi enrichissants ? Le tout est de rester créatif et de s'amuser dans le processus !

6.3 Dans le quartier, Profiter de ses connexions communautaires

La communauté est un véritable trésor d'opportunités. Si votre mari est bien ancré dans son quartier, il peut tirer parti de ses connexions pour organiser des événements et activités qui non seulement rapprochent les gens, mais peuvent aussi générer des revenus. Voici quelques idées pour transformer ces relations de voisinage en projets lucratifs.

Marchés de quartier : Si votre mari connaît des artisans, des producteurs locaux ou même des chefs cuisiniers dans la région, pourquoi ne pas organiser un marché de quartier ? Cela pourrait être une belle occasion de rassembler la communauté autour d'un événement festif où les habitants peuvent vendre leurs produits. Il peut s'occuper de la logistique, comme réserver un espace public, obtenir les autorisations nécessaires et promouvoir l'événement. Une petite participation financière des vendeurs peut aider à couvrir les coûts de l'organisation, tandis que les résidents profitent d'une sortie agréable et de produits frais.

Ateliers ou cours communautaires : Si votre mari a des compétences à partager, il peut proposer des ateliers ou des cours dans son quartier. Que ce soit en jardinage, en bricolage, en photographie ou même en cuisine, ces sessions peuvent attirer des voisins désireux d'apprendre. En utilisant des espaces publics comme des salles communautaires ou des jardins, il peut organiser ces événements sans frais exorbitants. Les participants pourraient payer une petite somme pour s'inscrire, ce qui pourrait lui permettre de gagner un revenu supplémentaire tout en renforçant les liens au sein de la communauté.

Événements sportifs ou compétitions : S'il y a des passionnés de sport dans le quartier, votre mari pourrait organiser des compétitions amicales, comme un tournoi de pétanque, de football ou de volley-ball. Il peut facturer des frais d'inscription par équipe et proposer des prix pour les gagnants, ce qui ajouterait un peu de piquant à l'événement. En plus de la compétition, des stands de nourriture et de boissons pourraient être installés pour créer une atmosphère festive et amicale.

Projets d'embellissement du quartier : Si votre mari a un penchant pour le jardinage ou l'aménagement paysager, il pourrait envisager de lancer un projet d'embellissement dans le quartier. Par exemple, il pourrait proposer de créer des jardinières communautaires, de planter des arbres ou d'embellir des espaces publics. En sollicitant des dons ou en facturant des frais de participation pour aider à couvrir les coûts des plantes et des matériaux, il pourrait non seulement embellir le quartier, mais aussi rassembler des fonds.

Projections de films en plein air : Organiser une soirée cinéma en plein air dans le quartier est une autre idée qui pourrait séduire les voisins. Votre mari peut se charger de la logistique, comme obtenir un écran et un projecteur, et faire la promotion de l'événement. Les habitants peuvent apporter des chaises, des couvertures et des collations à partager, et un petit droit d'entrée peut être fixé pour couvrir les frais de l'équipement et des autorisations. Cela crée un moment convivial et rassembleur tout en permettant de gagner un peu d'argent.

Services de garde ou d'échange de compétences : Si des voisins ont besoin de services de garde d'enfants ou de soins pour leurs animaux, votre mari peut se proposer comme solution, surtout s'il est en congé ou s'il a un emploi flexible. En échange de ces services, il peut fixer un tarif raisonnable, et même élargir cette offre à d'autres compétences, comme le jardinage ou le petit bricolage, qu'il peut partager avec ses voisins.

En conclusion, profiter de ses connexions dans la communauté est un moyen ludique et efficace de gagner de l'argent. Que ce soit en organisant des événements, en partageant des compétences ou en rassemblant des personnes autour d'activités, votre mari peut transformer son réseau local en de véritables opportunités financières. L'important est d'encourager la camaraderie tout en apportant une touche personnelle à chaque initiative, faisant ainsi de chaque projet une expérience enrichissante pour lui et pour les membres de la communauté.

Chapitre 7 : Mon mari, mon coach personnel

Nous voici dans une nouvelle ère où votre mari ne se contente plus de simplement rapporter de l'argent, il devient carrément un mentor de vie ! Imaginez un instant : après avoir réparé un robinet, cuisiné un plat digne d'un restaurant étoilé et emmené les enfants à l'école, il se transforme en coach de vie ou de couple, en gourou de la communication, voire en mentor financier. Oui, vous avez bien lu, tout cela est possible.
Après tout, s'il a réussi à gérer une maison, une famille, et peut-être même une carrière, pourquoi ne pourrait-il pas monétiser ces compétences ?
Dans ce chapitre, nous allons explorer comment transformer la sagesse (ou du moins, l'expérience) de votre conjoint en une véritable entreprise de coaching. Que vous souhaitiez faire de lui le prochain grand nom du développement personnel ou tout simplement quelqu'un qui partage ses connaissances en ligne pour quelques dizaines d'euros l'heure, il existe des moyens de transformer son savoir en revenus concrets.
Imaginez des couples en difficulté, cherchant des réponses sur la gestion des finances à deux, sur la répartition des tâches ou même sur la façon de survivre à un dimanche en pyjama sans disputes. Votre mari, avec sa patience légendaire et sa capacité à maintenir une certaine paix familiale, pourrait être la personne idéale pour les conseiller.
Au programme : coach de vie ou de couple, organisation de webinaires en ligne et mentorat financier. On vous donne des astuces concrètes pour faire de lui un guide inspirant, respecté et – surtout – bien payé. Que vous soyez dans l'idée d'offrir des conseils en direct ou de créer des événements digitaux à succès, chaque sous-chapitre vous fournira les clés pour transformer vos conversations de salon en business lucratif.
Alors, accrochez-vous et préparez-vous à voir votre mari devenir bien plus qu'un simple partenaire à la maison : un véritable mentor pour d'autres ! Et comme toujours, avec un soupçon d'humour

pour que l'argent coule à flot... sans que la patience de Monsieur ne s'épuise.

7.1 : Se lancer dans le coaching de vie ou de couple

Ah, le coaching de vie ou de couple, ce métier mystique qui fait rêver tant de gens en quête d'illumination... ou simplement d'une relation qui survit à la gestion des factures et à la répartition des tâches ménagères. Et devinez quoi ? Votre mari, avec sa manière si particulière de gérer les petites tensions quotidiennes et ses 45 minutes de monologues philosophiques sur "la vraie nature de la communication", pourrait bien devenir la prochaine star montante du coaching relationnel. Qui aurait cru que le roi du barbecue et du montage de meubles en kit avait ce potentiel latent ?

Le coaching de vie ou de couple, qu'est-ce que c'est au juste ?

Avant d'envoyer Monsieur à l'assaut des couples en crise, clarifions ce qu'est vraiment ce fameux métier. Le coach de vie (ou de couple) aide les gens à surmonter leurs blocages, à mieux se comprendre et à établir des objectifs clairs. Imaginez une sorte de thérapeute sans le divan ni les diplômes de psychologie, mais avec une approche plus pratique et orientée solution. Dans le cas du coaching de couple, c'est souvent l'art de réconcilier deux personnes qui, après des années ensemble, ne se comprennent plus aussi bien qu'au début (surtout quand il s'agit de savoir qui a oublié de sortir les poubelles).
Votre mari pourrait donc mettre ses compétences relationnelles à profit : après tout, si vous êtes encore ensemble après toutes ces années, c'est peut-être qu'il a un petit quelque chose à offrir aux autres couples, non ?

Cas concret : L'art de sauver les dimanches après-midi

Prenons un exemple bien concret. Un dimanche, vous vous êtes levé(e) avec une idée lumineuse : faire une grande sortie familiale, profiter du beau temps. Monsieur, quant à lui, a prévu de binge-watcher sa série préférée avec une canette à la main. La tension monte, l'irritation s'installe, et hop, une querelle éclate. Mais que fait votre mari ? Il sort sa botte secrète : la technique du compromis de "l'après-midi coupé en deux". Première moitié pour vous, la seconde pour lui. Et voilà, sans s'en rendre compte, il vient d'illustrer le cœur du coaching de couple : la gestion des attentes et la communication.

Vous voyez ? Ce genre d'exemple anecdotique mais réaliste, ça peut parler à beaucoup de couples qui, eux aussi, bataillent pour trouver un juste milieu entre les loisirs de chacun. Monsieur pourrait alors transformer ces petites sagesses en séances de coaching payantes. C'est tout simple : un couple réserve une heure, et en échange, il leur explique comment gérer les petits conflits du quotidien en se basant sur des exemples concrets (et sûrement hilarants) de votre propre vie commune.

Comment se lancer ? Les étapes pour coacher les autres

1. **Se former (légèrement)**
   Même si votre mari est déjà un pro de la médiation à la maison, un minimum de formation ne serait pas de trop. Il existe des certifications de coaching en ligne, rapides et accessibles, qui donneront à Monsieur une crédibilité supplémentaire. Et oui, dans ce domaine, un petit diplôme fait toute la différence, même s'il connaît déjà par cœur le cycle des disputes liées à la gestion des vacances.
2. **Trouver sa niche**
   Tous les couples ne sont pas pareils, et tous les coachs non plus. Votre mari pourrait se spécialiser dans des thématiques précises : gestion du stress familial, répartition des tâches à la maison, organisation des finances du ménage ou même l'art de survivre aux vacances en famille. Trouver une niche bien ciblée permet de se démarquer sur le marché du coaching.
3. **Proposer des séances personnalisées**
   Après s'être formé, il pourra proposer des séances en ligne

ou en présentiel, selon les besoins des clients. Les sessions individuelles ou en couple sont un bon moyen de commencer. Proposer un tarif dégressif pour plusieurs séances encouragera les clients à revenir, un peu comme un abonnement à Netflix... mais pour leurs problèmes relationnels.

4. **Se faire connaître**
   Une présence en ligne est indispensable. Monsieur pourrait avoir son propre site web, où il partage des conseils relationnels ou des articles sur la vie de couple. Il pourrait aussi proposer des vidéos sur YouTube ou TikTok pour attirer des clients. Après tout, qui n'aimerait pas voir une vidéo sur "Comment éviter la dispute post-dîner de famille"□ ? Un peu d'humour dans les vidéos, et hop, vous commencez à attirer un public fidèle.

Astuce : Utiliser ses propres expériences

Rien de tel que d'être authentique. Votre mari peut s'appuyer sur ses propres anecdotes de couple pour enrichir ses conseils. Par exemple, comment il a géré la fois où vous vous êtes disputés sur la manière de charger le lave-vaisselle (avouez, on est tous passés par là). L'idée, c'est de rendre les conseils concrets, applicables et, pourquoi pas, un peu amusants.

Cas d'étude : Monsieur "Compromis" sauve le week-end

Monsieur Dupont, un client fictif (mais qui pourrait très bien exister), est connu pour être toujours en conflit avec sa moitié sur la gestion des week-ends. Elle veut sortir, il veut rester à la maison. Grâce à une série de séances de coaching avec votre mari, il apprend l'art du compromis, et surtout, comment exprimer ses envies sans causer de disputes. Résultat : le couple finit par organiser des week-ends en alternant activités. Elle fait son shopping le matin, et lui regarde son match de foot l'après-midi. Tout le monde est content, et Monsieur Dupont recommande chaudement votre mari à ses amis. Vous venez de gagner de nouveaux clients. Bravo□ !

Conclusion

Transformer votre mari en coach de couple ou de vie, c'est non seulement monétiser ses compétences relationnelles, mais aussi l'aider à partager son expérience avec d'autres. Entre les disputes à propos des vacances et les négociations sur la couleur du nouveau canapé, il a acquis de précieuses leçons qu'il peut désormais facturer. Et s'il peut sauver un dimanche après-midi avec un compromis astucieux, qui sait combien de relations il pourrait redresser avec ses conseils☐ ?

7.2 : Organiser des séminaires en ligne

Ah, les séminaires en ligne, ces fameuses conférences virtuelles où vous pouvez écouter des experts sans sortir de chez vous, en sirotant votre café… ou votre verre de vin, selon l'heure. Et devinez quoi ? Votre mari pourrait bien devenir une de ces figures de proue du savoir en ligne, délivrant des conseils avisés à une audience pendue à ses lèvres. Si Monsieur aime partager ses idées (et on sait qu'il a probablement déjà tout un tas de discours bien rodés sur des sujets divers), pourquoi ne pas en faire un business rentable ?

<u>Mais pourquoi des séminaires ?</u>

Dans un monde où tout se fait de plus en plus en ligne, organiser des séminaires virtuels, ou webinaires, est une excellente manière de partager son expertise tout en générant des revenus. Ces événements en ligne sont en plein essor, car ils permettent aux participants de se former ou d'apprendre de nouvelles compétences sans avoir à se déplacer, et pour l'organisateur, les frais sont réduits au minimum. Pas besoin de louer une salle ni de préparer des petits-fours. Juste une bonne connexion Internet et des idées à partager.
Pour votre mari, qui pourrait être doué dans divers domaines (communication, gestion de couple, organisation familiale, finances personnelles, etc.), c'est l'occasion idéale de toucher un large public

sans quitter le confort de votre salon. Il pourrait même porter son bas de pyjama, personne ne le saurait !

Exemple concret : Comment organiser des séminaires sur la gestion de la vie de couple

Prenons un exemple simple : les séminaires sur la gestion de la vie de couple. C'est un sujet qui intéresse beaucoup de gens, car, soyons honnêtes, les couples, ça se chamaille ! Les finances, les enfants, la communication… autant de thèmes qui prêtent à des échanges passionnés. Si votre mari est du genre à avoir des opinions bien tranchées sur ces sujets (et qu'il a l'art de calmer les tempêtes à la maison), il pourrait très bien animer un webinaire pour aider d'autres couples à surmonter leurs petits (ou grands) défis. L'idée serait de proposer une série de webinaires sur des sujets précis :

1. **Comment mieux communiquer dans le couple** : ici, il pourrait donner des techniques qu'il a lui-même testées, des astuces pour éviter les malentendus (du genre : ne jamais répondre à une question importante pendant un match de foot).
2. **Gérer les finances à deux sans s'entretuer** : des conseils pratiques pour éviter les disputes à propos de l'argent, surtout quand Monsieur a une légère tendance à craquer pour les gadgets technologiques dernier cri.
3. **L'art du compromis au quotidien** : comment partager les tâches ménagères, choisir les vacances sans drame et gérer le programme TV le soir. Tout cela avec des exemples concrets, bien sûr.

Comment monétiser ces séminaires ?

1. **Proposer des billets payants**
   Vous pouvez facilement mettre en place un système de paiement via des plateformes comme Eventbrite, où les participants achètent leur place pour assister à la conférence en ligne. Cela peut être un tarif unique pour chaque

séminaire, ou bien un abonnement mensuel pour ceux qui veulent suivre toute une série de sessions. Et si Monsieur a une audience fidèle, il pourra proposer des offres promotionnelles pour fidéliser ses "clients".
2. **Enregistrer et vendre les rediffusions**
Une fois le webinaire terminé, pas question de laisser ce précieux contenu dormir dans les tiroirs numériques. Vous pouvez proposer la rediffusion en vente sur une plateforme dédiée ou même sur votre propre site. C'est un excellent moyen de toucher ceux qui n'ont pas pu être présents en direct.
3. **Offrir des sessions de questions/réponses exclusives**
Pour les plus engagés, ceux qui ont envie de creuser les sujets abordés en séminaire, pourquoi ne pas proposer des séances de questions/réponses en petit comité☐? Ces moments plus personnalisés peuvent être facturés à un prix plus élevé, car ils offrent un accès direct aux conseils personnalisés de votre mari.

Cas d'étude : Monsieur Dupont, le gourou des webinaires

Monsieur Dupont, un passionné de communication, a décidé de lancer une série de séminaires en ligne sur l'art de mieux communiquer en couple. Il a commencé petit, avec un simple sujet sur "Comment éviter les disputes inutiles", mais très vite, les retours ont été positifs. Son humour, sa façon de rendre les exemples concrets et sa maîtrise du sujet ont captivé les participants. Au bout de quelques mois, il a élargi son offre à des thématiques comme "Comment organiser des vacances en famille sans craquer" et "Gérer les beaux-parents dans le couple". Les abonnés sont fidèles, et chaque mois, ses séminaires rassemblent de plus en plus de monde. Monsieur Dupont n'a même plus besoin de chercher des clients : ils viennent à lui !

Les outils pour bien démarrer

Pas besoin de devenir un expert en technologies pour lancer des séminaires en ligne, mais avoir les bons outils peut faire toute la différence :

1. **Zoom ou Microsoft Teams** : Ces plateformes permettent de gérer des réunions en ligne et offrent des fonctionnalités interactives comme les sondages et les sessions de questions/réponses en direct.
2. **Eventbrite ou Webikeo** : Pour gérer les inscriptions et les paiements de manière professionnelle.
3. **Canva ou PowerPoint** : Pour créer des présentations visuellement attrayantes, car même si Monsieur est passionnant, quelques jolies slides ne font jamais de mal.

Astuces pour réussir son webinaire

1. **La pratique rend parfait** : Votre mari pourrait s'entraîner en amont pour être à l'aise face à la caméra. Un ton naturel et un peu d'humour suffiront à le rendre captivant.
2. **Soigner l'éclairage et l'arrière-plan** : Un bon éclairage, une webcam de qualité, et hop, Monsieur a l'air d'un pro. Un fond de bibliothèque bien ordonnée ou une pièce lumineuse donneront une image sérieuse et professionnelle.
3. **Proposer des moments interactifs** : Les webinaires où l'audience participe activement sont souvent les plus populaires. Un petit sondage en début de séance, ou une session de questions en fin de présentation, c'est toujours apprécié.

Conclusion

Organiser des séminaires en ligne peut être une mine d'or, surtout si votre mari a des connaissances ou des expériences à partager dans un domaine qui parle à beaucoup de gens. Avec un peu d'organisation, une bonne plateforme et un sujet bien ciblé, il pourrait bien se transformer en gourou des webinaires, tout en restant confortablement assis dans son canapé. Et pendant qu'il parle à son audience de l'art de gérer la vie de couple, pourquoi ne pas vous joindre à lui et offrir votre propre version de la réalité☐ ? Après tout, deux voix valent mieux qu'une.
–Voici 10 idées pertinentes et variées de séminaires en ligne que votre mari pourrait organiser, en fonction de ses compétences et

intérêts, tout en restant dans des domaines susceptibles de capter une audience :

1. "Comment équilibrer carrière et vie de famille"

Un sujet qui touche de nombreux couples. Votre mari pourrait partager des stratégies pour jongler entre le travail, les enfants, les tâches ménagères et les moments de qualité en couple. Conseils pratiques, outils d'organisation et gestion du stress seraient des points clés.

2. "Optimiser ses finances personnelles en couple"

Un séminaire axé sur la gestion des finances à deux. Comment établir un budget commun, économiser pour des projets à long terme et éviter les tensions liées à l'argent ? Ce sujet aurait un grand potentiel, avec des exemples concrets et des astuces simples pour une meilleure gestion.

3. "Coacher son enfant dans ses études sans stress"

Un séminaire qui aborde la manière dont les parents peuvent accompagner leurs enfants dans leur parcours scolaire, tout en évitant de tomber dans le piège de la pression excessive. Monsieur pourrait y partager des méthodes pédagogiques, des conseils pour instaurer un environnement propice à l'apprentissage, et comment équilibrer soutien et autonomie.

4. "Réussir ses premiers pas en investissement immobilier"

Si votre mari s'y connaît un peu en finances ou en immobilier, il pourrait animer un webinaire d'introduction à l'investissement immobilier. Les étapes pour acheter un bien, comment évaluer les risques, et les stratégies pour obtenir un bon rendement seraient des sujets abordés.

5. "Développer des habitudes saines en couple"

Ce séminaire pourrait explorer comment, en tant que couple, vous pouvez adopter des habitudes de vie plus saines. Cela inclurait des conseils pour la nutrition, le sport, la gestion du sommeil et même des routines pour favoriser la santé mentale et émotionnelle.

6. "Rénover et décorer son intérieur avec un budget serré"

Si votre mari est doué en bricolage et décoration, il pourrait organiser un séminaire sur la rénovation maison DIY. Avec des astuces pour donner un coup de jeune à une pièce sans dépenser une fortune, il toucherait une audience large cherchant des solutions économiques pour embellir leur maison.

7. "Lancer et monétiser un projet en ligne"

Ce sujet s'adresserait à ceux qui souhaitent démarrer un business en ligne. Votre mari pourrait couvrir des aspects tels que la création de contenu, le choix des plateformes, la stratégie de monétisation et comment bâtir une audience fidèle. Ce type de webinaire intéresse particulièrement les freelances et créateurs de contenu.

8. "Gérer les conflits familiaux avec empathie et intelligence émotionnelle"

Un séminaire pour apprendre à gérer les tensions au sein de la famille, qu'elles soient liées aux enfants, à la famille élargie ou même aux disputes de couple. Monsieur pourrait y aborder la communication non violente, la médiation, et l'importance de l'écoute active pour dénouer les conflits.

9. "Optimiser son temps pour les couples entrepreneurs"

Pour les couples qui se lancent ensemble dans des projets entrepreneuriaux, ce séminaire fournirait des stratégies pour maximiser la productivité tout en maintenant un équilibre entre travail et vie personnelle. Des outils de gestion de projet, des astuces pour organiser les priorités et comment garder un lien fort malgré la charge de travail pourraient être discutés.

10. "Savoir gérer la charge mentale au quotidien"

Un sujet particulièrement pertinent pour les personnes qui se sentent débordées par la gestion de la vie de famille, du travail et des imprévus. Monsieur pourrait proposer des techniques de gestion du stress, de planification et de délégation, tout en offrant des exemples pratiques issus de sa propre expérience.
Ces idées sont variées et adaptées à un large public, permettant de transformer des compétences ou des expériences personnelles en contenu engageant et lucratif pour des séminaires en ligne.

7.3 : Mon mari, mentor financier

On a tous ce mari qui, sans crier gare, se transforme en véritable gourou de la finance dès qu'il aperçoit un tableau Excel ou qu'il entend parler d'épargne. Si c'est le cas du vôtre, vous tenez peut-être là une véritable mine d'or. Vous vous demandez comment ? Eh bien, pourquoi ne pas monétiser cette précieuse expertise financière qu'il déploie déjà pour gérer vos comptes et maximiser vos économies ? Avec un peu d'organisation et une bonne dose d'humour, il pourrait se lancer dans le coaching financier et aider d'autres personnes à mieux gérer leur argent tout en remplissant aussi vos poches !

Pourquoi devenir mentor financier ?

Tout d'abord, la demande pour des conseils en gestion financière est énorme, surtout à une époque où de plus en plus de personnes cherchent à mieux gérer leur budget, épargner pour l'avenir ou investir intelligemment. Tout le monde n'a pas les moyens ou l'envie de se payer un conseiller financier professionnel. C'est là qu'intervient votre mari ! S'il maîtrise les bases de la gestion budgétaire, des placements ou même de la réduction des dettes, il peut transformer ces compétences en une activité lucrative, que ce soit via du coaching personnalisé, des ateliers en ligne ou des séances en groupe.

Comment le positionner comme un mentor ?

Vous n'avez pas besoin de transformer votre conjoint en gourou de Wall Street pour qu'il ait de la valeur aux yeux des autres. L'idée est de proposer des services accessibles, utiles, et surtout réalistes. Il peut commencer par cibler des personnes ordinaires qui cherchent à mieux organiser leurs finances personnelles, éviter les découverts, ou encore apprendre à épargner sans se priver. Par exemple, si votre mari est un pro des économies domestiques et connaît tous les bons plans pour réduire les factures d'énergie, organiser un budget minimaliste ou optimiser l'utilisation de cartes de crédit, c'est une véritable valeur ajoutée pour des clients potentiels.

Cas concret : le coaching budgétaire

Prenons un exemple simple : une famille débordée qui a du mal à joindre les deux bouts à la fin du mois. Monsieur pourrait proposer une séance de coaching pour passer en revue leurs dépenses, identifier des postes où il est possible de faire des économies, et les aider à mettre en place un budget réaliste. En un après-midi, il pourrait les guider pour créer un plan d'épargne solide tout en conservant un style de vie confortable. Cela paraît simple, mais pour beaucoup, c'est un changement radical qui fait toute la différence. En offrant des conseils personnalisés, adaptés à la réalité de chaque client, votre mari peut vraiment transformer leur rapport à l'argent.

Exemple d'atelier en ligne : "Les 10 étapes pour épargner efficacement"

Si votre mari est à l'aise devant une caméra, il peut aussi proposer des ateliers en ligne. Un thème pertinent pourrait être "Les 10 étapes pour épargner efficacement". Il pourrait y aborder des notions simples comme l'importance de tenir un budget, la création d'un fonds d'urgence, ou encore l'optimisation des abonnements et des frais fixes. Il pourrait proposer un guide pas à pas pour aider les participants à définir leurs objectifs financiers et à mettre en place des habitudes qui favorisent l'épargne à long terme.

Stratégies pour attirer des clients

S'il s'agit de lancer cette activité de mentor financier, il faut évidemment un plan pour attirer des clients. Voici quelques idées :

- **Le bouche-à-oreille** : Si votre mari a déjà aidé des proches avec leurs finances, c'est un excellent point de départ. Encourager ces personnes à recommander ses services peut rapidement créer une petite clientèle.
- **Les réseaux sociaux** : Utiliser des plateformes comme Instagram, Facebook ou LinkedIn pour partager des astuces financières hebdomadaires. Cela permet de se positionner comme une autorité en la matière et d'attirer des followers intéressés.
- **Les groupes locaux** : Proposer des ateliers gratuits dans les centres communautaires ou à travers des associations locales peut être un excellent moyen de se faire connaître et de trouver des clients.

Astuce pour maintenir l'engagement

Il ne suffit pas de donner de bons conseils pour fidéliser sa clientèle ; il faut aussi maintenir l'engagement sur le long terme. Une idée serait de proposer un **suivi mensuel** où votre mari revisite les finances de ses clients et ajuste leur stratégie en fonction de l'évolution de leur situation. Cela permettrait non seulement d'apporter une valeur continue, mais aussi d'assurer des revenus récurrents.

Éviter les erreurs courantes

Bien sûr, devenir mentor financier, même à un niveau simple, comporte aussi des pièges à éviter. Il est essentiel que votre mari ne promette pas de gains rapides ou d'enrichissement immédiat. La gestion des finances personnelles est un travail de longue haleine, et la prudence est de mise. S'il a une bonne dose de bon sens et qu'il maîtrise les principes de base, il pourra aider ses clients à progresser sans les faire tomber dans des illusions dangereuses.

Conclusion

En résumé, devenir mentor financier est une voie simple, lucrative, et surtout pleine de sens. En aidant des familles ou des individus à retrouver une sérénité financière, votre mari peut non seulement partager ses compétences, mais aussi se créer une source de revenus durable. Que ce soit via des séances individuelles, des ateliers en ligne ou du suivi personnalisé, il y a toujours une demande pour des conseils pratiques et accessibles. Alors, pourquoi ne pas commencer par là et voir où cette nouvelle aventure peut vous mener ?

Chapitre 8 : Gagner de l'argent avec ses objets

L'idée que des objets qui dorment dans les placards ou les garages puissent être transformés en véritables sources de revenus est une piste souvent sous-estimée. Pourtant, nous accumulons tous, au fil des années, une quantité impressionnante de biens que nous n'utilisons plus ou qui ne nous sont plus utiles. Que ce soit des vêtements qui ne correspondent plus à nos goûts, du matériel de sport abandonné, ou encore de l'électronique vieillissante, ces objets, loin d'être sans valeur, peuvent en réalité vous rapporter gros.
Le principe est simple : au lieu de laisser vos affaires prendre la poussière, pourquoi ne pas leur redonner vie en les vendant, les louant, ou même en les recyclant pour en tirer profit ? Dans un monde où l'économie circulaire et la consommation responsable prennent de plus en plus d'ampleur, cette pratique est devenue non seulement pertinente, mais aussi lucrative.
Ce chapitre explore donc trois manières astucieuses de transformer des objets oubliés en véritable manne financière. Que ce soit en les vendant directement, en les louant pour un usage temporaire, ou en

les recyclant pour leur donner une nouvelle vie, ces approches vous permettront de désencombrer votre maison tout en gonflant votre portefeuille.

Prenons un exemple simple : vous avez peut-être une vieille console de jeux vidéo dans un tiroir, un vélo dont vous ne vous servez plus, ou des outils de jardinage que vous n'utilisez qu'une fois par an. Ces objets représentent autant d'opportunités inexploitées pour faire entrer de l'argent facilement. Avec un peu de créativité et quelques plateformes en ligne, vous pourriez bien voir ces "trésors cachés" se transformer en véritables sources de revenus complémentaires.

Dans les pages suivantes, nous allons explorer en détail comment organiser la vente de vos affaires inutilisées, louer du matériel à des personnes qui en ont besoin temporairement, et enfin, recycler des objets pour les revendre avec une plus-value. Vous serez surpris par la facilité avec laquelle ces méthodes peuvent être mises en place, et surtout par leur potentiel de rentabilité. Préparez-vous à découvrir comment monétiser les objets du quotidien, tout en contribuant à une démarche plus durable et écologique.

8.1 : Vendre ses affaires qu'il n'utilise plus

Ah, les placards de mon mari... un véritable trésor caché, ou plutôt une caverne d'Ali Baba remplie d'objets qu'il refuse d'admettre qu'il n'utilise plus. Vous voyez ce blouson en cuir qu'il porte « depuis le lycée » (et qui n'a pas vu la lumière du jour depuis dix ans) ? Ou ce vélo elliptique qui sert à tout sauf à faire du sport ? Voilà des occasions en or de *gagner de l'argent grâce à lui* .

Désencombrer la maison, c'est bien, mais désencombrer tout en remplissant le compte en banque, c'est encore mieux. Si votre mari est comme le mien et a du mal à se séparer de ses affaires, je vous conseille de lui rappeler gentiment qu'il pourrait être utile, même en ne faisant rien. Parce que soyons honnêtes, ces objets qu'il n'utilise plus, qui prennent de la place dans le garage, peuvent devenir de vraies sources de revenus avec un peu de stratégie et une touche d'humour.

Par où commencer ? Le tri, bien sûr !

La première étape est de convaincre votre cher et tendre de faire le grand tri. Pas facile, je sais. Les hommes ont parfois un attachement émotionnel étrange à des objets qu'ils n'utilisent plus depuis des lustres. La solution ? Proposez de faire ça *ensemble* — vous l'aiderez à choisir ce qui peut partir. Commencez par les vêtements qu'il ne met plus : cette pile de chemises jamais portées, les baskets "pour courir" (alors qu'il n'a jamais couru) et les gadgets qu'il a achetés sur un coup de tête. Les vêtements, surtout les marques ou les pièces en bon état, se vendent bien sur des plateformes comme Vinted.

Ensuite, passez à ses équipements sportifs. Il n'a pas utilisé cette planche de surf depuis cinq ans ? Parfait ! Ça pourrait intéresser quelqu'un sur Leboncoin ou même eBay. Les objets volumineux comme les meubles ou les appareils électroménagers qui n'ont pas servi depuis longtemps trouveront aussi facilement preneur sur ces plateformes.

Valoriser ses « trésors »

Pour attirer des acheteurs, il est essentiel de *mettre en valeur ces affaires*. Si vous le laissez gérer, il risquerait de prendre une photo rapide avec un titre aussi engageant que "Vieux canapé". Alors prenez les choses en main. Préparez des photos de qualité, de belles descriptions précises, et surtout mettez en avant les avantages : « Vélo d'appartement à peine utilisé, comme neuf ! » au lieu de « Mon mari ne l'a jamais touché ». Le storytelling est aussi votre allié. Si vous pouvez ajouter un brin d'humour dans l'annonce, c'est encore mieux.

Un autre point crucial est de fixer un prix juste. Faites des recherches pour connaître les prix du marché et ajustez-le selon l'état de l'objet. Soyez ouverte aux négociations, surtout si l'objectif est de désencombrer rapidement. Et si votre mari rechigne à vendre au prix que vous proposez, rappelez-lui qu'un objet vendu un peu moins cher vaut toujours mieux qu'un objet inutile dans le garage.

Astuces pour maximiser les ventes

Voici quelques astuces pour optimiser vos ventes. Choisissez les bonnes plateformes selon ce que vous vendez. Pour les vêtements et accessoires, Vinted est la référence, tandis que Leboncoin est plus polyvalent et peut accueillir tout type d'objet, du vélo inutilisé au mobilier. Pensez également aux groupes Facebook locaux qui permettent des échanges rapides avec des acheteurs proches de chez vous.

Un autre conseil : regroupez les objets similaires pour les vendre en lots. Si Monsieur a une collection de vieilles consoles de jeux ou de CD qui prennent la poussière, proposez un lot complet. Les acheteurs adorent les bonnes affaires, et cela vous permet de vendre plus rapidement et en une seule transaction.

L'exemple de Julie et Marc

Prenons le cas de Julie, qui a convaincu son mari Marc de se séparer de son équipement de ski datant de dix ans. Marc n'a plus skié depuis qu'il a décidé que les montagnes étaient « trop loin », mais le matériel était en bon état. Julie a pris de superbes photos, ajouté une description humoristique ("Ski vintage, parfait pour des amateurs de sensations fortes ou de style rétro"), et hop, en moins de deux semaines, tout était vendu pour 350 euros. Ce qu'ils avaient considéré comme des vieilleries encombrantes est devenu un petit pactole pour financer un week-end en amoureux.

En fin de compte, vendre les affaires inutilisées de votre mari est une manière astucieuse de dégager de l'espace tout en faisant entrer de l'argent. Et puis, soyons réalistes : si ces objets n'ont pas servi depuis des années, il est peu probable qu'il en ait besoin demain. Alors, pourquoi ne pas transformer ce désordre en une véritable opportunité ? Avec un peu de stratégie et une pincée d'humour, vous pouvez non seulement alléger la maison, mais aussi enrichir le portefeuille — et tout cela, grâce à votre mari, sans qu'il ait à lever le petit doigt (ou presque) !

États-Unis

1. **Craigslist** : Un des sites les plus anciens et les plus utilisés pour vendre des objets d'occasion, localement. Très

populaire pour tout type de produits, des meubles aux appareils électroniques.
2. **eBay** : Mondialement connu, eBay permet de vendre à l'international ou localement aux enchères ou en vente directe. Très pratique pour des objets spécifiques, notamment des collections.
3. **Facebook Marketplace** : Un outil intégré à Facebook qui permet de vendre facilement des objets à des acheteurs locaux. C'est une excellente option pour une vente rapide et sans frais.
4. **OfferUp** : Similaire à Craigslist, mais plus orienté sur l'application mobile. Il permet de vendre des objets localement, très populaire pour les appareils électroniques et les meubles.
5. **Poshmark** : Principalement axé sur les vêtements et accessoires de mode. Très prisé pour des articles de marque ou de bonne qualité.

En Europe : Vinted, Facebook Marketplace, Leboncoin (France) etc....

8.2 : Louer ses objets de loisir

Si votre mari a un penchant pour l'accumulation d'objets de loisir (et soyons honnêtes, qui n'a pas ce genre de trésors dans son garage ou son sous-sol ?), pourquoi ne pas les mettre à profit en les louant à d'autres ? Après tout, ces équipements sont souvent inutilisés, alors autant en faire une source de revenus ! Que ce soit du matériel de sport, des outils de bricolage, ou même des appareils de camping, il existe de nombreuses façons de rentabiliser ces objets.

Les avantages de la location d'objets

Louer des objets de loisir présente plusieurs avantages. Tout d'abord, cela permet de générer un revenu passif sans avoir à investir dans un nouveau projet. De plus, cela encourage le partage et la durabilité, car au lieu d'acheter de nouveaux équipements, les gens peuvent louer ce dont ils ont besoin pour une courte période. Cela est particulièrement attrayant dans notre société actuelle, où la mentalité de consommation évolue vers plus de responsabilité environnementale. Enfin, cela peut même aider votre mari à faire le tri et à se débarrasser de ce qu'il n'utilise plus, tout en gagnant un peu d'argent.

Quels objets peuvent être loués ?

Voici quelques idées d'objets que votre mari pourrait louer :

- **Équipements sportifs** : Vélos, kayaks, matériel de fitness, skis ou planches de surf.
- **Outils de bricolage** : Perceuses, scies, tondeuses à gazon ou échafaudages.
- **Appareils de camping** : Tentes, sacs de couchage ou réchauds portables.
- **Appareils électroniques** : Caméras, drones, vidéoprojecteurs ou consoles de jeux.

Comment louer ces objets ?

Pour commencer, voici quelques plateformes qui facilitent la location d'objets en Europe et aux États-Unis :

En Europe

1. **Fat Llama** : Une plateforme populaire pour louer tout type d'équipement, de l'électronique aux outils de bricolage.
2. **Sharely** : Un site qui permet de louer tout type de biens entre particuliers, idéal pour ceux qui veulent partager des objets de loisir.
3. **Zilok** : Cette plateforme permet aux utilisateurs de louer et de prêter des objets entre particuliers, allant des véhicules aux équipements de jardinage.

4. **KiWi** : Un service de location d'objets basé en France, axé sur la durabilité et le partage.

Aux États-Unis

1. **RentNotBuy** : Cette plateforme permet de louer presque tout, des vélos aux équipements de jardinage, et favorise le partage entre voisins.
2. **PeerRenters** : Une autre plateforme de location qui met en relation des propriétaires d'objets avec ceux qui en ont besoin, allant des équipements sportifs aux appareils électroniques.
3. **LendingClub** : Bien que principalement axé sur le prêt d'argent, certains utilisateurs ont trouvé des moyens de prêter des objets et de gagner de l'argent.

Astuces pour réussir la location

1. **Mettez en valeur vos objets** : Prenez des photos de qualité, écrivez des descriptions claires et engageantes, et précisez les conditions de location.
2. **Fixez des prix compétitifs** : Recherchez ce que les autres proposent pour des objets similaires afin de vous assurer que vos tarifs sont attractifs.
3. **Soyez réactif** : Répondez rapidement aux demandes de location et soyez flexible sur les horaires pour attirer plus de clients.
4. **Établissez des règles claires** : Définissez les termes de la location, comme les dépôts de garantie, l'entretien et la responsabilité en cas de dommages.

En intégrant ces conseils dans la stratégie de location, votre mari pourrait non seulement faire de l'argent, mais également contribuer à une culture de partage de ressources, tout en désencombrant votre espace de vie. Que demander de plus ?

8.3 : Recycler et revendre

Dans un monde où la durabilité est devenue une priorité pour de nombreux consommateurs, recycler et revendre des objets est non seulement une stratégie lucrative pour gagner de l'argent, mais aussi un moyen de contribuer positivement à l'environnement. Si votre mari a un penchant pour le bricolage et une capacité à voir le potentiel dans ce que d'autres considèrent comme des déchets, il pourrait bien devenir le héros du recyclage dans votre foyer. Voici quelques idées et conseils pour transformer ses compétences en une entreprise rentable.

1. Identifier les Objets à Recycler

La première étape consiste à déterminer quels objets peuvent être récupérés et remis en état. Voici quelques catégories populaires :

- **Électronique** : Des appareils comme des téléviseurs, des ordinateurs, des smartphones ou des appareils photo peuvent être réparés et revendus. Même des vieux téléphones peuvent rapporter de l'argent s'ils sont en bon état.
- **Meubles** : Une table usée ou une chaise abîmée peut être transformée avec un bon coup de peinture ou une nouvelle tapisserie. Les meubles vintage sont particulièrement recherchés, et les gens sont souvent prêts à payer un prix premium pour une pièce unique.
- **Vêtements** : Les vêtements de marque, surtout ceux qui ne sont plus portés, peuvent être recyclés. Avec une légère retouche, des vêtements d'occasion peuvent devenir des articles tendance.
- **Jouets et articles pour enfants** : Les parents sont toujours à la recherche de bonnes affaires sur des articles de qualité pour leurs enfants, surtout pour les jouets qui ne sont plus utilisés.

2. Les Tendances du Marché de l'Occasion

Le marché de l'occasion connaît une véritable renaissance. Selon une étude de thredUP, le marché des vêtements d'occasion devrait atteindre 64 milliards de dollars d'ici 2024, grâce à la prise de conscience croissante des enjeux environnementaux et à la recherche d'économies. Cela crée une belle opportunité pour votre mari de se lancer dans cette aventure lucrative. En plus de cela, des études montrent que 70 % des consommateurs préfèrent acheter des articles d'occasion pour réduire leur empreinte carbone.

3. Ressources et Tutoriels pour Réparer et Rendre à Neuf

La clé du succès dans le recyclage réside dans l'apprentissage et la pratique. Heureusement, il existe une multitude de ressources en ligne pour aider votre mari à perfectionner ses compétences :

- **YouTube** : Il regorge de tutoriels sur la réparation et le recyclage d'objets. Que ce soit pour changer l'écran d'un téléphone ou reupholster une chaise, il y a des vidéos pour chaque projet.
- **Instructables** : Ce site est un excellent endroit pour trouver des instructions étape par étape sur la manière de donner une nouvelle vie à divers objets.
- **Forums et Groupes Facebook** : Des communautés en ligne où il peut poser des questions, partager ses projets et trouver des conseils. Des groupes comme *DIY Network* sur Facebook peuvent être particulièrement utiles pour échanger des astuces avec d'autres passionnés.

4. Impacts Environnementaux Positifs

Recycler et revendre des objets a non seulement des avantages économiques, mais aussi des bénéfices environnementaux. En évitant de produire de nouveaux articles, vous réduisez l'utilisation des ressources naturelles et minimisez les déchets. Par exemple,

chaque produit recyclé peut économiser environ 2,5 kg de gaz à effet de serre. Cela montre que chaque geste compte.
De plus, en sensibilisant vos amis et votre famille à l'importance du recyclage, votre mari peut inspirer d'autres personnes à adopter des habitudes plus durables.

5. Événements et Marchés Locaux pour Vendre les Objets Recyclés

Participer à des événements de vente ou à des marchés d'artisanat peut être une excellente façon de se faire connaître et de vendre ses objets recyclés. Voici quelques idées :

- **Marchés de Noël ou de Pâques** : Parfaits pour vendre des objets faits main ou des articles recyclés, ces événements attirent souvent une foule soucieuse de dénicher des produits uniques.
- **Foires artisanales** : Ces événements mettent en avant des artisans locaux et peuvent être une belle vitrine pour vos créations.
- **Vides-greniers** : Organiser un vide-grenier dans votre quartier ou participer à des événements communautaires permet de vendre rapidement et directement à des acheteurs potentiels.

Pour trouver ces événements, des sites comme **Eventbrite**, **Facebook Events** ou même les annonces de votre mairie peuvent s'avérer très utiles.

6. Stratégies de Marketing Efficaces

Pour se démarquer dans un marché compétitif, il est crucial de mettre en place une stratégie de marketing bien pensée :

- **Utilisation des réseaux sociaux** : Créer des comptes dédiés sur des plateformes comme **Instagram** ou **Pinterest**

pour partager ses projets de recyclage, ses objets à vendre et engager une communauté.
- **Promotions et Remises** : Proposer des offres spéciales pour inciter les clients à acheter plusieurs articles ou à revenir.
- **Collaboration avec des influenceurs locaux** : Travailler avec des micro-influenceurs sur Instagram peut augmenter la visibilité de vos produits et attirer une clientèle plus large.

7. Sites de Vente à Considérer

Pour vendre des objets recyclés, voici quelques plateformes à considérer :

- **eBay** : Un incontournable pour vendre presque n'importe quoi, y compris des objets recyclés.
- **Leboncoin** : Populaire en France pour vendre des objets localement.
- **Facebook Marketplace** : Idéal pour vendre rapidement et facilement à des personnes de votre région.
- **Etsy** : Bien que principalement axé sur l'artisanat, c'est une excellente plateforme pour vendre des objets recyclés de manière créative.
- **Mercari** : Une plateforme en ligne facile à utiliser, particulièrement populaire aux États-Unis pour vendre des vêtements et des articles d'occasion.
- **Poshmark** : Connu pour la vente de vêtements, mais aussi idéal pour les accessoires et objets d'occasion.

Recycler et revendre des objets est une entreprise enrichissante sur le plan financier et personnel. Cela permet non seulement de dégager des bénéfices, mais également de contribuer à la protection de l'environnement. En suivant ces conseils, votre mari peut transformer une simple activité de bricolage en une entreprise florissante qui lui permettra de gagner de l'argent tout en ayant un impact positif sur notre planète. Alors, n'attendez plus, encouragez-le à se lancer et à devenir le roi du recyclage dans votre communauté ! Qui sait, peut-être qu'il se retrouvera à animer des ateliers sur la façon de donner une seconde vie aux objets, tout en faisant sourire les voisins avec ses anecdotes de bricoleur.

Conclusion : Qui a dit que les maris ne rapportaient pas ?

Ah, les maris ! Souvent considérés comme de simples compagnons, ils peuvent, en réalité, se révéler être des sources insoupçonnées de revenus. Ce chapitre a démontré qu'avec un peu de créativité et d'initiative, nos conjoints peuvent non seulement contribuer aux finances du foyer, mais aussi s'épanouir dans des activités qui les passionnent. Que ce soit en exploitant leurs talents cachés ou en réutilisant des objets du quotidien, il existe une multitude de façons d'ajouter quelques zéros à la fin du compte en banque.
Tout d'abord, il est essentiel de reconnaître que le soutien mutuel est clé. En tant que partenaires, nous avons la capacité d'encourager nos maris à explorer leurs passions et à développer des compétences qui pourraient, un jour, se transformer en opportunités lucratives. Plutôt que de les pousser vers des choix qu'ils n'apprécient pas, faisons de la place pour leurs talents uniques. Cela peut non seulement renforcer leur confiance en eux, mais également créer une dynamique positive au sein du couple.
Ensuite, un petit rappel sur l'importance de la patience et de la compréhension dans ce processus. Changer de cap ou explorer de nouvelles voies peut parfois être semé d'embûches. S'il faut que votre mari se familiarise avec une plateforme de vente en ligne ou qu'il apprenne à jongler avec des projets de bricolage, il est crucial de rester à ses côtés et de célébrer les petites victoires. Après tout, nous voulons que cela soit une expérience enrichissante, pas une source de stress.
Enfin, pour pimenter un peu la suite, n'oublions pas qu'il est essentiel de garder l'humour au cœur de tout cela. Qui a dit que gagner de l'argent ne pouvait pas être amusant ? Que ce soit en jouant avec ses compétences culinaires ou en le soutenant dans ses projets artistiques, l'important est de créer des souvenirs tout en

construisant un avenir financier solide. Après tout, un couple qui rit ensemble reste ensemble, même en jonglant avec des affaires et des projets.
Et qui sait, peut-être que la prochaine fois, ce sera à votre tour de briller ! Restez à l'affût pour notre prochain opus : "Comment gagner de l'argent grâce à ma femme", où nous explorerons les talents et compétences souvent négligés de nos chères épouses. C'est une aventure qui promet d'être tout aussi enrichissante, amusante et, espérons-le, lucrative !

www.ingramcontent.com/pod-product-compliance
Lightning Source LLC
Chambersburg PA
CBHW070348230526
45471CB00006B/2467